中央编译局出版基金项目 | 基础理论系列

美德、心灵与行动

Virtue, Mind and Action

李义天◎著

中央编译出版社
Central Compilation & Translation Press

图书在版编目（CIP）数据

美德、心灵与行动／李义天著. —北京：中央编译出版社，2016.9
ISBN 978-7-5117-3093-0

Ⅰ.①美…
Ⅱ.①李…
Ⅲ.①伦理学－研究
Ⅳ.①B82

中国版本图书馆 CIP 数据核字（2016）第 210034 号

美德、心灵与行动

出 版 人：	葛海彦
出版统筹：	贾宇琰
责任编辑：	王　琳
责任印制：	尹　珺
出版发行：	中央编译出版社
地　　址：	北京西城区车公庄大街乙 5 号鸿儒大厦 B 座（100044）
电　　话：	（010）52612345（总编室）　（010）52612341（编辑室）
	（010）52612316（发行部）　（010）52612317（网络销售）
	（010）52612346（馆配部）　（010）55626985（读者服务部）
传　　真：	（010）66515838
经　　销：	全国新华书店
印　　刷：	河北下花园光华印刷有限责任公司
开　　本：	787 毫米×1092 毫米　1/16
字　　数：	181 千字
印　　张：	12.25
版　　次：	2016 年 9 月第 1 版第 1 次印刷
定　　价：	49.00 元

网　　址：	www.cctphome.com　　邮　箱：cctp@cctphome.com
新浪微博：	@中央编译出版社　　微　信：中央编译出版社（ID: cctphome）
淘宝店铺：	中央编译出版社直销店（http://shop108367160.taobao.com）　（010）52612349

本社常年法律顾问：北京嘉润律师事务所律师　李敬伟　问小牛
凡有印装质量问题，本社负责调换，电话：（010）55626985

目 录

第一章　美德伦理学的心理诉求 ····················· 1
　第一节　道德心理：关键的伦理学问题 ················· 1
　第二节　规则伦理学的心理缺陷 ····················· 5
　第三节　美德伦理学的心理特征 ····················· 9
　第四节　美德伦理学的心理议题 ···················· 13
　第五节　道德心理问题与美德伦理学的启示 ············· 20

第二章　理由、原因、动机或意图 ·················· 23
　第一节　道德要求与道德理由 ····················· 23
　第二节　内在理由与外在理由 ····················· 26
　第三节　理由与原因 ·························· 30
　第四节　理由与意图 ·························· 36

第三章　意志、意志自决与意志自由 ················ 42
　第一节　意志与自由 ·························· 43
　第二节　康德关于意志自由的论证 ··················· 46
　第三节　黑格尔关于意志自由的论证 ················· 51
　第四节　决定论的类型及其挑战 ···················· 55
　第五节　作为意志自决之反身性的意志自由 ············· 57

第四章 作为纯粹内在品质的美德 ································ 61
第一节 美德理论与常识美德伦理学 ···························· 62
第二节 基于行为者的美德伦理学 ································ 65
第三节 从道德情感主义到道德心理学 ························ 68
第四节 思想洁癖与主观主义 ·· 73
第五节 误解内外之别 ·· 77
第六节 回到亚里士多德主义 ·· 80

第五章 美德伦理学的行动理论 ·· 85
第一节 作为伦理学组成部分的行为理论 ···················· 86
第二节 美德伦理语境下的正确行为 ···························· 88
第三节 道德困境的复杂性与正确的行为 ···················· 93
第四节 美德伦理行为理论的基本特征 ························ 99

第六章 运气问题及其伦理学意义 ·································· 101
第一节 作为不确定性的运气 ······································ 102
第二节 道德运气：现代道德哲学的紧张与辩护 ······ 105
第三节 从道德运气到伦理运气 ·································· 109
第四节 运气问题与美德伦理学 ·································· 113

第七章 运气、能动性与行动 ·· 116
第一节 讨论运气问题的两种方式 ······························ 117
第二节 威廉姆斯的挑战与问题 ·································· 120
第三节 反对者的声音 ·· 124
第四节 回应与启示 ·· 130

第八章 结语：美德伦理会有多少敌人？ ···················· 135

附录Ⅰ ………………………………………………………… 139
  "仁者不忧": 美德伦理视野中的儒学问题 ………… 李义天 139
附录Ⅱ ………………………………………………………… 152
  美德伦理的道德理由及其基础
    ——关于亚里士多德主义与儒家伦理的比较 ………… 李义天 152
附录Ⅲ ………………………………………………………… 173
  对当代德性伦理学的精到阐释与些许移情
    ——读李义天博士的《美德伦理学与道德多样性》 …… 江　畅 173

参考文献 …………………………………………………… 180
后　记 ……………………………………………………… 187

第一章 美德伦理学的心理诉求

美德伦理学是当代伦理学的前沿方向之一。随着这方面研究的不断发展，人们日益发现，其中突显的不是通常意义上的道德哲学问题，而是伦理学与心理学相交叉的道德心理学问题。这一方面是因为，在美德伦理学看来，除非拥有关于道德心理的恰当解释，否则，伦理学便无法说明人们为什么遵循道德要求。毕竟，道德要求（moral claims）属于道德知识的一部分，而道德行为则是具体的活动。道德行为者（moral agent）知道某些道德知识，并不代表他必定根据这些知识行动。从他获知这些道德要求到他采取相应的道德行为，这中间还需要一定的桥梁和动力。另一方面，道德心理问题也是当代美德伦理学对以康德主义和功利主义为代表的现代规则伦理学表达不满的一个主要方面。在很大程度上，当代美德伦理学的任务就在于，重新梳理并确认道德行为者的品质特征、心理倾向与内在动机。因此，从道德心理的角度来对比两者差异，反思规则伦理学的理论缺陷，揭示美德伦理学在心理学问题上的基本诉求，从而论证后者的知识优越性，乃是当前美德伦理研究至关重要的一个维度。

第一节 道德心理：关键的伦理学问题

"道德心理"（moral psychology）是指道德行为者进行道德考虑和道德

选择时的心理机制与运思过程。它比"道德动机"（moral motive）更广泛。后者主要指一种心理推动力，其最大特征是作为诱导而激发行为。只有当道德心理催生了行为，或至少该心理过程的落脚点在于催生行为，此时的道德心理才称为"道德动机"。但对"道德心理"来说，它还包括道德行为者长期以来进行道德认知和道德考虑时所具备和运用的各种心理成分和内容，尤其是在面对"实现某些善"的道德要求时，有关"为什么应该实现这些善""靠什么能够实现这些善"以及"怎样才能正确实现这些善"的内在理解。诸如此类的观念是行为者在其道德环境和道德资源中逐渐形成的心理积淀，表现为较稳定的心理结构和取向。尽管它们不是为了某次行为而生发的心理活动，但在面对具体境遇时，这些心理要素将支配道德行为者的运思，给出行动理由和行动方案。此时便表现为"动机"。在伦理学体系中，道德心理问题之所以值得重视，主要原因在于——

首先，伦理学只有设计合适的道德心理，才能提出自己的道德要求并支撑这些要求。这就是说，不仅道德要求的有效建立需要伦理学认真把握行为者的心理状况，而且，这些道德要求的真正履行，也依赖于行为者对它们的深刻理解和自觉认同。因此，如果缺乏道德心理的说明，伦理学就既不能说清道德要求的内在来源，也无法保证人们能够理解并愿意遵循它们。① 正是在这个意义上，我们才能同意，"凡是一个伦理学派或一个伦理思想家，都有他的一种心理学为其基础，或说他的伦理学，都是从他对于人类心理的看法而建树起来"②。

其次，道德心理的设计预设着伦理学的价值观念和框架。基督教伦理学的道德心理是神学语境内的义务观念和罪责意识。在这一点上，功利主义和康德主义有所继承，只是把对上帝的敬畏与服从替换为对规则的义务感和敬重心。当然，功利主义和康德主义的"义务感"内容不同。前者认为，一个人采取道德行为时须在心中持有这样的想法："必须按照能导致最大多数人的最大快乐的方式去行动，这是义务"；而后者是："必须按照

---

① Owen Flanagan and Amelie Rorty eds., *Identity, Character and Morality* (Cambridge: MIT Press, 1990), p. 2.
② 《梁漱溟全集》（第1卷），山东人民出版社1991年版，第327页。

可使自己的准则成为一条普遍法则的方式去行动,这是义务"。就此而言,作为后果论的功利主义,其实同作为道义论的康德主义一样,都关心行为者在行动前的心理开端(动机)。只不过,在针对已有行为进行评价时,才是一个关注结果而另一个依然在乎动机。

最后,道德心理必然是道德行为者的心理,道德心理的设计与道德行为者的设计是同步完成的。也就是说,一种伦理学将其道德心理设计成什么样,它笔下的道德行为者便会是什么样。因此,关于道德心理的说明,将展示一种伦理学对于人、对于人性的基本看法,乃至对于人类生存方式的整体判断。

道德心理问题不仅重要,甚至可以说,它在整个伦理学体系中应当居于核心位置。我们注意到,每种伦理学都会追问:什么是伦理学最需要回答和解决的问题?对此,罗素的回答是,伦理学是"关于最佳生活方式"的学说。① 维特根斯坦也曾表示:"伦理学是对有价值的东西的探索,或是对真正重要的东西的探索……或者是对正确的生活方式的探索。"② 然而我们发现,尽管伦理学提出诸多的道德要求,要求人们应做什么事和应成为什么人,但是,这对于道德困境而言却并非最紧要。因为它们的主张虽然看上去你有一套,我有一套,可是"生活中到底哪些价值值得捍卫或追求","一种值得向往的美好生活中到底有哪些要素不可或缺",关于这样的问题,其实在伦理学内部并无太大分歧。因为决定这些答案的不是道德理论,而是道德生活本身!设想一下,在我们的生活经验里,谁会断然否认勇敢?谁会完全厌恶友爱?康德会这样认为吗?边沁会这样认为吗?他们都不会!实际上,就如何提出道德要求而言,伦理学的作用只是反思地、系统地把生活已经昭示的那些美好价值提炼和整理出来,使之形成更稳定的感召力和说服力。③

如果一定要说各种伦理学说在道德要求的问题上有什么差别,那可能

---

① [英]罗素:《西方哲学史》(下),马元德译,商务印书馆1986年版,第395—396页。
② [奥]维特根斯坦:《关于伦理学的讲演》,江怡译,见涂纪亮主编:《维特根斯坦全集》(第12卷),河北教育出版社2003年版,第2页。
③ 赵汀阳:《论可能生活》(修订版),中国人民大学出版社2004年版,第263—266页。

有两点：其一，它们对于个别价值能否被纳入道德要求的范围存在争议。不过，这往往数量有限——除非这些伦理学源于极其不同的生活语境。其二，也是分歧最集中和激烈的地方，它们对于已被纳入范围的道德要求的入选原因和实现方式存在争议。比如，"真诚相待"这一道德要求，无论基督教还是康德主义或功利主义都会接受它；但各方又都表示，只有自己的学说才提供了正确的道德理由和操作方案，而别人的则是错误的。可是这恰好说明，有分歧的不是道德要求的具体内容，而是支撑道德要求的道德理由。

况且，即便伦理学明确告诉人们应履行哪些道德要求，也不一定导致好行为的出现。强硬坚决的道德论证或道德要求，如果"与对一个人的整个生活具有根本意义的个人利益相冲突"，就不会成为该行为者的心理动因。[①] 而那些行为合乎道德要求的人，也未必就是伦理学的自觉思考者。很多时候，人们的道德意识来自道德生活的潜移默化，来自当下切身的道德冲动，而不是道德理论的传授。更何况，人类目前的道德状况，不仅没有因为伦理学的精细化而变得更好，反倒因为伦理学内部对道德要求的不同理解而日趋混乱。[②]

所以，如果伦理学真是为生活着想，为自身的声誉与合法性着想，那么，关键并不在于回答"我应当如何"（what），而在于回答"假如我应当如此，那么请给我一个好的理由"。该理由可以让我说服自己"凭什么要这样"，"凭什么能够这样"（why）；在此之后，我才会进一步思考"怎样行动以达到该目标"（how）。换言之，只有找到充足的心理根据，人们才能理解道德要求，才会愿意依照道德要求而行动，才会积极谋划具体的行动方案，从而实际地形成道德动机。可见，给出让人怦然心动的道德理由以及欣然接受的思考取径，才是伦理学的关键任务。它甚至要比"设计规范的生活方式"或"提出具体的道德要求"这些任务更加紧迫。美好的生

---

① 道德考虑不一定具有动机效应。强硬坚决的道德论证或道德要求未必成为触动行为者的心理动因。参见 Bernard Williams, *Ethics and the Limits of Philosophy* (London: Fontana Press, 1985), pp. 23 – 24。

② 李义天：《麦金太尔何以断言启蒙筹划是失败的？》，载《伦理学研究》2007 年第 5 期。

活图景固然为我们所期待，但我们更期待伦理学能够关心和体贴人，为人们找到通向美好生活的合适且有效的心灵桥梁。

第二节 规则伦理学的心理缺陷

每一种规范伦理学都有相应的道德心理设计。康德主义和功利主义等现代规则伦理学也不例外。只不过，由于它们将道德理由理解为普遍确定的规则（或者是基于可普遍化形式的规则，或者是基于功利计算的规则），因此，它们必然要将对待这些道德理由的态度规定为"敬重"和"服从"。因为一种据称普遍有效的规则完全有资格要求人们服从，也有必要迫使人们遵守；并且这种"服从"和"遵守"的适用范围必须无可例外，其强度必须不容置疑。否则，规则的普遍性就无法得到证明，其权威性也无法得到保证。① 这便是规则伦理学所理解和设计的道德心理——"义务感"；它既是"规则"所必定蕴含的心理方式，也是用以支持"规则"运行的心理基础。

然而，这种心理是否成功地完成了支撑道德要求、证明道德理由从而促进道德行动的任务呢？答案似乎并不乐观。抱着"尽义务"的心理履行规则虽然高尚而坚定，但由于道德规则具有内在的普遍主义性质，因此，规则伦理学不得不把所有情境中的道德心理都归结为遵守规则的责任心和义务感。而这势必导致理论解释（至少部分地）与真实情况之间的脱节。斯托克尔（Michael Stocker）将这种"脱节"称作"道德的精神分裂症"（moral schizophrenia）。在那篇有名的论文里，他设计了一个典型的例子，后来经常被人征引，用以说明规则伦理学的僵硬和不足：

假设你在医院里，正从长时间的疾病中逐渐恢复。当史密斯再次来看望你的时候，你正处于十分郁闷、烦躁、无所适从的状态中。此时，你会比以往更加确信地认为，他是个好伙伴，是个真朋友——他

---

① 李义天：《规则伦理的宗教痕迹与美德伦理学》，载《现代哲学》2009年第2期。

穿过整个城镇,花了这么多时间来鼓舞你,等等。你情不能已地表达你的赞扬和感谢,可是他却抗议道,他一直是在尽力去做他所认为是自己责任的事情、他所认为是最好的事情罢了。一开始,你还以为他是在通过自谦、减轻道德上的负担的方式而讲客气。可是你们俩谈得越多,你就越清楚地发现,他是在讲真话,没有夸张:他来看你,实质上并不是因为你,并不是因为你是他的朋友,而是因为他认为这是他——也许是作为一个基督徒或者一个共同体成员或是别的什么——的责任,或者只是因为他知道没有人比你更需要鼓舞,而且更容易被鼓舞了。①

类似的例子伯纳德·威廉姆斯(Bernard Williams)也曾提及。② 尽管出于责任或义务的心理可以理解,但在上述情境中,本来令人感动的道德行为却让人感觉别扭而生硬。我们的道德经验表明,对病中朋友的探视,更多是出自友爱和关心(在一定程度上也许还包括怜悯)等相对柔软的心理特征。即便其中含有责任或义务的成分,也不至于强大到排斥前者的地步。对这类道德情境来说,完全抱以"义务感"而行动,未免显得行为者的应对处理方式过于简单和单调。然而,由于规则伦理学所提供的道德推理模式是要在任何情境中都依据规则行动,因此,从逻辑上,这注定要求行为者在任何情况下都必须以"出于责任或义务"的心态为主,甚至以之作为全部。也就是说,"义务感"不满足于仅成为道德心理之一,它的梦想是成为唯一。从其学说类型的内在特质来说,除了"义务感",规则伦理学并没有为人们提供更明确、更丰富、更充分的其他心理资源。康德甚至不无激烈地表示,任何基于实践必然性的行为只能是义务,"而不是被表现为已被我们自己所喜爱或可能被我们自己喜爱的做法"③。敬重道德法

---

① Michael Stocker, "The Schizophrenia of Modern Ethical Theories", *The Journal of Philosophy*, Vol. 73, No. 14, p. 462.
② Bernard Williams, *Ethics and the Limits of Philosophy*, p. 180.
③ [德]康德:《实践理性批判》,邓晓芒译,人民出版社2003年版,第112页。

则的义务感与"乐意""愉快"的情感无关。① 从这个意义上讲，规则伦理学的道德心理缺陷是一种普遍主义的缺陷；其症结在于，为了论证义务感的重要，它会排斥其他心理因素（尤其是情感）的积极功能。

"义务"意味着不容分辩、不容置疑、不容贬低的行为选项。相应的，"义务感"也就是行为者在内心所酝酿和形成的一种不容分辩、不容置疑、不容贬低的心理情结。对于现代规则伦理学而言，这种情结当然不是源自神圣的上帝权威，而是来自人类的理性能力。在康德和边沁这样的启蒙思想家心目中，理性所提供的道德理由意味着一种实践的必然性，即（1）理性的行为者必然能够正确地建立以规则为表现形态的道德理由，（2）这些规则是必然的而非偶然的，以及（3）理性的行为者必然能够依据规则而行动。

这种实践必然性具有某种客观的力量，可以使一个行动获得人们的理解，并为该行动提供理性主义的理由支持。但是，一个行动的合理性和实际发生，却不只是由上述据说具有实践必然性的行动理由决定的，它还取决于行动者对行动理由的评价。② 而这种评价则与该行为者的身份和处境有关，与他在生活中所真正关心和在乎的东西有关。按照威廉姆斯的说法，这就是"行动者的主观动机集合"，其中包含"诸如评价的倾向、情感反应模式、个人忠诚以及各种各样的生活计划等内容"。③ 这些东西可以是理性的，也可以是非理性的，但无论如何，它们对于该行为者来说都是真实且合情合理的。只有当那些被认为具有实践必然性的道德理由能够与行为者的主观动机、与行为者的个体层面发生某种联系和融合时，这种必然性才能从一种纯粹"外在的理由"转变为"内在的理由"，亦即，与行为者的生命轨迹、生活计划和心理诉求相合拍的、从而能够真切地触动行为者内心的道德理由。在很大程度上，这种理由也许不再以纯粹的理性形

---

① [德]康德：《实践理性批判》，第106—114页。
② 徐向东：《道德哲学与实践理性》，商务印书馆2006年版，第49页。
③ [英]伯纳德·威廉姆斯：《道德运气》，徐向东译，上海译文出版社2007年版，第30页。

式出现，而是混合了行为者的个体情感、欲求等多种心理因素。① 通过对这个问题的论述，威廉姆斯向我们揭示了现代规则伦理学的又一心理缺陷，即，理性主义的缺陷。在他看来，不论是道德理由还是道德动机都不像理性主义者设想的那样是无条件的，"它们的有效性取决于行动者的实际处境和心理状态"②。

规则伦理学之所以把"义务感"作为道德心理，还有一个重要原因，即，为了让人们承认规则的坚定性而不要随意地动摇或抛弃。试想，面对生活规则或规定时，如果一个行为者能够严格地抱着履行义务的心理去行动，那么，这岂不是最有利于制度的建设和秩序的维护吗？该行为者岂不是最合格的理性公民吗？

诚然，社会运作需要稳定的规则，规则也应该被遵守。但是，遵守规则是一回事，抱以怎样的态度和方式来遵守则是另一回事。阿拉斯代尔·麦金太尔（Alasdair McIntyre）指出："规则本身丝毫没有为我们提供目的。它们在告诉我们什么事是不可做的意义上告诉我们如何行动，但它们并没有把任何明确的目的提供给我们。"③ 而道德规则的正确使用却要求"与一个人的生活经验以及他对'如何生活'的普遍看法具有某些本质的联系"④。这意味着，如果伦理学打算说服人们按照规则行动，那么关键在于，要为这些规则提供与生活相关的目的论理由，即，让人知道遵守规则究竟是为了什么。毕竟，设立和维系规则是为了生活更美好，而不是为了让规则成为一种新的拜物教对象。从这个意义上讲，维护和遵循规则，绝不代表机械执行而不追问规则的目的何在。这只能使道德实践"成为一种偏狭的钟表式的行为方式"⑤。该方式的危害在于，它会使行为者丧失对具体情况的敏感性，削弱他们理解生活本身的能力，减少他们从生活整体来考虑问题的可能性——尤其是当出现了规则制定者未曾考虑到的新情况

---

① 详见第二章。
② ［英］伯纳德·威廉姆斯：《道德运气》，第31页。
③ ［美］麦金太尔：《伦理学简史》，龚群译，商务印书馆2003年版，第149—150页。
④ 徐向东：《自由主义、社会契约与政治辩护》，北京大学出版社2005年版，第341页。
⑤ Richard Taylor, *Ethics, Faith and Reason* (Englewood Cliffs: Prentice-Hall, 1985), xiii.

时。更令人不安的是，在极端情况下，"按章办事"还可能成为庸人们推脱责任的口实，小人们官僚做派的遮羞布。如果说前一种危害还只是"义务感"的副作用，那么，后一种危害则完全体现出"义务感"的巨大漏洞。对生活目的的遗忘（即，盲目主义的缺陷），正是规则伦理学在道德心理问题上的第三种缺陷。

第三节 美德伦理学的心理特征

伊丽莎白·安斯库姆（G. E. M. Anscombe）于1958年发表的论文《现代道德哲学》（"Modern Moral Philosophy"）不仅意味着当代美德伦理学的开端，也开启了美德伦理学研究中的道德心理议题。在这篇论文里，安斯库姆的讨论不仅开启了当代美德伦理学的整体讨论，而且更为具体地开启了当代美德伦理学的心理议题。在她看来，现代道德哲学在心理问题上存在着两个重大失误：（1）它忽略了因文化背景变迁而导致的行为者心理结构改变的事实，仍然固守某些已然丧失心理基础从而缺乏实践有效性的规则伦理学概念[①]；（2）它压缩了某些依然活跃并且实际发挥作用的心理机制，遮蔽了那些事实上存在且本应得到澄清和发扬的美德伦理学概念。[②]也就是说，现代道德哲学日益表现出对人类经验尤其是心理经验的远离，

[①] 安斯库姆认为，"义务""责任""应当"等概念源自基督教伦理学。只有行为者理解并相信这些律法式概念的立法者（即上帝）的存在，它们的规范性和有效性才成立。而脱离了本来的文化背景，这些概念不过"保存了它的心理影响，而没有保存它的含义"。在这个意义上，现代规则伦理学只是"一种不再普遍存在的更早期的伦理学概念的残留物，甚或只是这些残留物的衍生品"。所以她说："义务和责任的概念——亦即道德义务和道德责任的概念——和道德上的对与错的概念，还有'应当'的道德意义，如果在心理学上是可能的话，那么都该被丢弃。"参见 G. E. M. Anscombe, "Modern Moral Philosophy", in Daniel Statman ed., *Virtue Ethics*（Washington D. C.: Georgetown University Press, 1997）, pp. 26, 33。

[②] "在现在的哲学中，我们需要对'一个不公正的（unjust）人怎么就是一个坏的（bad）人'予以解释。……但是，这种解释只有在我们具备了恰当的心理哲学知识后才能完成。因为用于证明不公正的人就是坏人的论据，需要把公正（justice）描述为一种'美德'。"现代道德哲学虽然同意"不公正的人是坏人"，但由于它们消解或阻止美德理论的出场，因而导致这个命题的内部"在哲学上存在一条鸿沟……它需要由我们关于人类本性、人类行为、美德品质的类型，以及最重要的，关于人类繁荣的描述填补起来"。G. E. M. Anscombe, "Modern Moral Philosophy", in Daniel Statman ed., *Virtue Ethics*, pp. 30, 43—44。

"不管这种远离是来自于功利主义旨在达到一种关于满足的普遍计算的热衷,还是来自于康德主义者对于那些具有广泛一般性的普遍原则的关注"①。对此,安斯库姆不无遗憾地感叹道:"我们目前研究道德哲学是不会有什么收获的;在拥有我们现在显然缺乏的一种充分的心理哲学之前,我们绝对应该先把道德哲学放在一旁。"②

出于这样的不满和忧虑,当代美德伦理学在参与改造或替代现代道德哲学的过程中更关注行为者的心理基础,试图通过澄清行为者的心理结构而更加真实地揭示他们的心理反应与心理过程。关于这方面的探讨,俨然已经成为当代美德伦理学的研究核心之一。比如,菲里帕·福特(Philippa Foot)在《美德与恶德,以及其他道德哲学论文》(Virtues and Vices and Other Essays in Moral Philosophy)中就延续安斯库姆的思路,着手探讨性格、欲望等心理因素的伦理价值。威廉姆斯在《伦理学与哲学的限度》(Ethics and the Limits of Philosophy)中也将"美德"界定为关于行动、欲求和感受的内在的理智秉性。而罗莎琳德·赫斯特豪斯(Rosalind Hursthouse)的代表作《论美德伦理学》(On Virtue Ethics)则证明,理性与情感在实践推理中至少同等重要。更值得一提的是,在《源自动机的道德》(Morals from Motives)一书中,迈克尔·斯洛特(Michael Slote)系统地论述了一种"基于行为者的美德伦理学",将纯粹的内在品质理解为美德的根本特征;而在《关怀伦理学与移情》(The Ethics of Care and Empathy)及近期作品中,他又通过18世纪道德情感主义以及现代心理学中的"移情"理论,为美德的有效性辩护,体现出当代美德伦理学自觉结合伦理学和心理学的尝试。③ 可以说,一方面,对真实道德心理的重视激发了美德伦理学的复兴,而美德伦理学的复兴则为道德心理学的繁荣提供了极好的契机;另一方面,当代美德伦理学的进一步发展又有赖于道德心理学的不断完善及理论支援。在这个意义上,道德心理学与美德伦理学之间显然存

---

① [美]纳斯鲍姆:《非相对性美德》,见聂敏理选译:《20世纪亚里士多德研究文选》,华东师范大学出版社2010年版,第268页。
② G. E. M. Anscombe, "Modern Moral Philosophy", p. 26.
③ 详见第四章。

在着天然的亲缘性。

在美德伦理学看来,首先应当纠正的是规则伦理学的道德心理的普遍主义缺陷。这并不是说,行为者从此必须抛弃"出于义务或责任而行动"的心态,而是说,要对这种心态有所控制,要意识到还"存在着许多并没有被义务概念所涵盖的道德问题"①,从而可以为"出于同情""出于渴望""出于仁慈""出于爱"等心理资源留出恰当的地盘。"义务感"固然是一种有效的道德心理——它既体现道德要求的正当性,也能对行为者施加强大的推动力——但无论它多么具有说服力,也不能覆盖所有行为者在所有情境中的心理过程。比如,最近关于"二战"期间犹太人拯救者的一些研究表明,当时的"许多拯救行为都是源自对那些没想到会遇上但却需要帮助的陌生人的一种怜悯反应。但在另一方面,许多有组织的拯救行为则是清楚地提供原则,以指导整个共同体的拯救努力"②。可见,即便同样的道德行为,也会因行为者的身份不同而出自不同道德心理。不仅如此,即便对于同一位道德行为者来说,他的道德心理也不是一个非此即彼(要么出于义务、要么不是)的问题,而是一个由诸多因素(包括理性、情感、直觉)混合在一起的程度问题。③ 情感等非理性因素的积极作用,应当被视为与理性同等重要。这一点不仅可以在休谟、哈奇逊等哲学家那里获得论据,而且现代心理科学也已证明,情感的取向不仅与道德善恶相关,情感本身就属于道德推理的原材料。④ 虽然康德主义"倾向于把情感处理为人性相对无知的要素",但与之相比,美德伦理学却为情感提供一种更为完善的看法,即,恰当的情感正是美德的一个构成要素;道德行为者不是要压抑情感,而是要能够培养情感,以便在正确的时间、以正确的

---

① Annette Baier, "What Do Women Want in a Moral Theory", in Stephen Darwall ed., *Virtue Ethics* (Malden: Blackwell Publishing Company, 2003), p. 171.
② Owen Flanagan and Amelie Rorty eds., *Identity*, *Character and Morality*, pp. 6 – 7.
③ Rosalind Hursthouse, *On Virtue Ethics* (New York: Oxford University Press, 1999), pp. 142 – 145.
④ [美]阿瑟·道布林:《培养孩子的道德观》,郭本禹等译,中国轻工业出版社2003年版,第28页。

方式、对正确的人表达情感。①

美德伦理学不但认为道德心理的构成资源存在多样性,而且认为道德心理的实现方式也极具主体性。如前所述,规则伦理学会从理性主义出发而抬出"实践必然性"的大旗。但是,由于美德伦理学并不认可理性的霸权地位,因此也就不相信那些被称作"义务"的道德要求,真的可以仅凭所谓的"实践必然性"而获得执行。毋宁说,它更愿意相信的是,在道德行为背后的动因里,蕴含着一种更具个人性的观点和更具主体性的洞察。这就是道德行为者的感知力。亚里士多德指出:"实践智慧关心的是根本上具体的东西,这些具体的东西是感知的对象而不是科学的对象。它不是像某种具体感觉(sense)的感知,而是像我们判断面前出现的是三角形时的那种感知(perception)。"② 这种感知是对具体事实的全方位的迅速把握,是一种"正确地、精细地而真实地设想和描述他的处境的能力"③。一个拥有实践智慧的行为者(即美德之人)被认为能够对当下情境保持敏感,洞察其基本性质和细节,了解该情境的道德要求并做出准确的判断。

感知并不是什么玄妙的心理过程,它只是我们各自对生活的理解和判断。如果道德行为者的理智更成熟,情感更多样,心态更敏锐,那么他受到触动的可能性也就越大,对当下情境也就有更直接的体认和更准确的洞察。不过,这些都必须建立在行为者的主观经验和人生阅历的基础上,建立在他对生活的了解及其由此形成的富有个性的生活观念的基础上。通过主体的感知而把握当下情境的具体状况之后,行为者才谈得上用理性去推导那些所谓具有"实践必然性"的道德理由和行动方案。然而,正如我们已经提及的那样,这些"必然的"东西也必须与行为者自己的"内在理由"发生交互作用,才能真正现实地构成动机。所以,美德伦理学所描述的道德推理与道德判断过程,没有绝对的理性主义诉求,而是与个体性、

---

① [美]纳斯鲍姆:《善的脆弱性》,徐向东等译,译林出版社2006年版,第8页。
② Aristotle, *Nicomachean Ethics*, trans. by W. D. Ross, in Richard McKeon ed., *The Basic Works of Aristotle* (New York: Random House Inc., 2001), p. 1030.
③ Martha C. Nussbaum, "Non-Relative Virtues: An Aristotelian Approach", in Martha C. Nussbaum and Amartya Sen eds., *The Quality of Life* (New York: Oxford Clarendon Press, 1993), p. 44.

偶然性甚至随机性分不开的。

最后，与规则伦理的盲目性不同，美德伦理学从一开始就注重道德行为乃至道德存在方式的目的性。亚里士多德在《尼各马可伦理学》开篇即指出："人的每种实践和选择都以某种善为目的。"① 而美德伦理学的实践三段论形式，就是以"幸福"这一最高目的为大前提、以对具体情境的感知为小前提的推理模式。美德伦理学认为，行为者的道德决定总是出自他的生活目的，总是要合乎其目的。只有对自己的生活目的和生活追求保持自觉，行为者才能明白在特定情境中应该遵守什么规则，又是为何遵守它们。即便此时他抱以"义务感"而行动，但这种"义务感"不再只是因为敬重和服从规则而产生，更是因为追求规则背后所指向的幸福生活而产生。因此，在根本上，最有力的道德心理不是基于"应当"（should）的"义务感"，而是基于"欲求/欲望"（desire）的"目的性"。如果道德义务能跟行为者的最高追求相吻合，那么这项义务得以实现的可能性将会大得多。②

第四节　美德伦理学的心理议题

以亚里士多德主义为主导的美德伦理学，仍然必须建立在理性基础上，必须提供有效的实践理性概念及其推理模式。这既是亚里士多德主义的内在要求，也是美德伦理学在当代复兴并获得有效话语权的必要条件。

一方面，如亚里士多德所说，伦理美德不过是行为者经过教化而形成的自然品质；它们可能仅仅是一种受到诱导或规训但缺乏反思的心理状态。只有当这些"自然的品质加上了理智，它们才使得行为完善，使得原来貌似（伦理）美德的品质成为严格意义上的（伦理）美德"③。所以，美德伦理学不能停留在描述或罗列这些优良品质的层面上，而必须了解这些品质作为行为者的特定心理状况和心理反应是如何生成的。在亚里士多

---

① Aristotle, *Nicomachean Ethics*, p. 935.
② Bernard Williams, *Ethics and the Limits of Philosophy*, p. 19.
③ Aristotle, *Nicomachean Ethics*, p. 1035.

德主义看来，问题的答案就在于理性尤其是实践理性的某种特殊的运行机制或表达机制，即"实践智慧"。另一方面，美德伦理学只有建立在认知、推理和判断等心理基础上，才堪称一门知识或学问。安斯库姆指出，"我们只有首先理解'实践推理'才能理解'实践知识'的概念。而'实践推理'或说'实践三段论'……乃是亚里士多德最卓越的发现之一"①。为了成为合法的道德知识类型而完成伦理学的关键任务——即，提供有效的道德理由——美德伦理学需给出自己的实践推理模式；它是行为者用于理解道德情境，揭示其中实践秩序，并做出相关判断的一种思维机制。如果美德伦理学"只是在描述善或德性的意义，却无法付诸应用与判断，那就是一个缺乏规范性的不完整的伦理学"②。因此，"理性"必然成为美德伦理学所设计的心理结构的主导部分。相应的，"实践理性"及其运行模式则应当成为美德伦理学心理基础研究的首要议题。③

作为美德伦理的实践推理模式，"实践智慧"的特殊之处并不在于它是一个实践三段论，而在于这种实践三段论的大前提是一个反映特殊欲望的命题。尽管最高善（幸福）有着更明确、更严格的规范性，它本身也不是具体的事物而是一种存在状态，但是，对最高善（幸福）的向往，在心理上仍属于行为者对某个对象的欲求与渴望。在这个问题上，如同埃尔文（T. H. Irwin）所指出的那样，"欲求某种善"本质上"是一种通过针对不同选项的益处进行理性的反思而形成的理性欲望"。④而"欲求最高善"则是这种理性欲望的最高表达。虽然它使得实践智慧同一般的后果论推理模式区别开，而被冠以"目的论"名号，但无论如何，对最高善的欲望仍是一种欲望。因此，在围绕实践智慧的讨论中，从积极角度来探讨欲望的本质及其伦理意义，将不可或缺。这并不是说，美德伦理学消解或掩盖了

---

① G. E. M. Anscombe, *Intention* (Cambridge: Harvard University Press, 1957), pp. 57 – 58.
② 刘宇：《当代西方"实践智慧"问题研究的四种进路》，载《现代哲学》2010 年第 4 期。
③ 参见 Daniel C. Russell, *Practical Intelligence and the Virtues* (Oxford: Clarendon Press, 2009); Richard Sorabji, "Aristotle on the Role of Intelligence in Virtue", in A. O. Rorty ed., *Essays on Aristotle's Ethics* (Berkeley: University of California Press, 1980).
④ T. H. Irwin, "The Metaphysical and Psychological Basis of Aristotle's Ethics", in Amelie Oksenberg Rorty ed., *Essays on Aristotle's Ethics* (London: University of California Press, 1980), p. 45.

"欲望是一种与满足和快乐相伴的、常常趋于不恰当的非理性状态"的通常看法——亚里士多德明确意识到，欲望的过度和不及正是导致伦理恶德的重要根源，而伦理美德则恰恰是理性对这些可能陷入过度或不及的欲望进行调节的产物——而是说，在需要接受理性约束的消极欲望之外，还存在着一些本身符合理性要求的欲望。所以，亚里士多德主义美德伦理学的欲望概念，作为对行为者心理过程与心理反应的描述，在性质或内容上至少存在三种类型：（1）理性的欲望（特指对善/最高善的欲望），（2）合乎理性的欲望（受到理性控制的恰当欲望，表现为伦理美德），（3）不合乎理性的欲望（不受理性控制的不恰当欲望，表现为伦理恶德）。概言之，美德伦理学的讨论不仅必须涉及欲望，而且必须涉及欲望的消极与积极两方面的意义。

从理性的欲望或合乎理性的欲望出发，一个美德行为者的实践推理必须进一步"慎思/考虑"（deliberate）用于实现该欲望的手段和方式。亚里士多德说，人总是"先确定一个目的，然后考虑用什么手段和方式来达到目的。如果有几种手段，他们考虑的就是哪种手段最能实现目的。如果只有一种手段，他们考虑的就是怎样利用这一手段去达到目的，这一手段又需要通过哪种手段来获得"①。在亚里士多德看来，之所以需要对手段进行慎思/考虑，不仅仅因为我们需要借此实现欲望，更是因为，相对那个较为确定的欲望而言，手段属于我们的思考与选择范围之内的东西：我们既可能采取这个手段，也可能不采取这个手段；我们既可能采取这个手段，也可能采取那个手段。所以，用来实现欲望目的的手段是一种"既属于我们能力之内又并非永远能如此的事情"②。对于这样的事情，才需要加以慎思/考虑，也才能够加以慎思/考虑。

但是，美德行为者的推理之所以配称"实践智慧"而不是一般的"目的—手段"模式，就在于他的推理不但表现为慎思/考虑，还表现为"好的慎思/考虑"。而所谓"好的考虑"，既是"对于达到一个目的的手段的正确考虑"，又是"考虑的目的是善的那种正确考虑"。③ 换言之，实践智

---

① Aristotle, *Nicomachean Ethics*, p. 970.
② Aristotle, *Nicomachean Ethics*, p. 970.
③ Aristotle, *Nicomachean Ethics*, p. 1031.

慧不仅正确地考虑手段并得出恰当的行动方案,而且从一开始就要顾及正确的目的——"这就是实践智慧的观念所要表达的东西"①。因此,一方面,美德伦理学需要行为者能够知道(1)当下的事实情境蕴含怎样的道德要求,他在此时此刻应将怎样的道德要求确立为自己加以欲求的目标;另一方面,它还需要行为者能够知道(2)当下的事实情境蕴含怎样的实际条件,他在此时此刻应该通过怎样的具体方式才可以满足上述要求,实现上述目标。而这两方面都意味着,行为者必须"懂得如何考虑环境条件"②,必须对不同情境及其所蕴含的社会关系给予敏感区分,必须谋求"能够提升那些最有价值的关系类型的心理动力机制"③ 同样,必须做出相应的"判断"。而实践智慧就体现在人类每一个围绕高贵和善而做出判断的活动中。④ 要想准确做出上述判断,绝非易事。因为,它们本质上属于一种即时性、整体性、直觉性的判断,即上文所说的"感知"。⑤ 这种类型的判断不但要求行为者准确把握当下情境的整体情况,而且要求他的把握是一种直接的把握,以至于那些可能身处具体事务之中的普遍的东西都会因此而被隐蔽或忽略掉。无疑,在围绕"感知"的辨析中,"直觉"(intuition)甚或"冲动"(impulse)也将成为难以回避的话题。

可见,美德伦理学虽以理性作为基本心理机制,但它的实践理性概念及其推理模式却因包含欲望与感知而并非纯粹理性的表现。在这方面,除了"欲望"与"感知",与理性相互作用的还有"情感/情绪"(emotion)。亚里士多德指出,"情感"是伴随着快乐与痛苦的感觉,而伦理美德与快乐和痛苦相关。作为优良品质的伦理美德,就是行为者与快乐和痛苦所保持的一种恰当关系。因此,正确的道德教育不是回避快乐或痛苦,不是保持"某种不动心或宁静的状态",而是对该快乐的事物感到快乐,对该痛

---

① Aristotle, *Nicomachean Ethics*, p. 1031.
② [美]麦金太尔:《伦理学简史》,第104页。
③ Owen Flanagan and Amelie Rorty eds., *Identity, Character and Morality: Essays in Moral Psychology*, p. 7.
④ [美]罗森:《实践智慧或本体论:亚里士多德和海德格尔》,见聂敏理选译:《20世纪亚里士多德研究文选》,华东师范大学出版社2010年版,第455页。
⑤ Aristotle, *Nicomachean Ethics*, p. 1030.

苦的事物感到痛苦；只有当人们"在不适当的时间，以不适当的举止，或是以其他不适当的方式去追求或躲避它们，快乐与痛苦就成为品质变坏的原因"。① 余纪元认为："把伦理情感作为一个主要伦理主题，是亚里士多德伦理学理论的一个主要贡献。……亚里士多德经常强调德性不仅关涉人的行为，也涉及人的情感。我们做什么、怎么做固然很重要，但在做事情的过程中情感的感受也同样重要。伦理德性的培育的过程不仅仅是要告诉人们什么事情是值得做、应该做的，更包括伦理情感的培育。伦理学是关于良好生活的艺术，也包括良好感受。对于亚里士多德来说，德性不仅是正确行动的品质，而且也是正确情感的品质。"② 同样，在当代美德伦理的讨论中，正是对情感的强调，才使得它能够拥有一种在义务论与后果论那里明显匮乏的道德心理学论述。许多哲学心理学的研究者也意识到，被康德主义和功利主义主宰的现代道德哲学并未给情感留下足够空间，而是"随着美德论方法的到来，以及人们对亚里士多德和大卫·休谟等情感主义者的作品的回顾，情感在伦理学中的重要性才开始得到正确的评价"③。

首先，情感的重要性表现在，行为者能够借助情感机制而对理性及其认知过程给予补充。一方面，情感的意向性揭示出行为者与对象之间的某种联系；另一方面，情感的认知性又蕴含着行为者对于对象的某种判断。当我内心涌出"我喜欢它""我厌恶它"或"我害怕它"等反应时，我实际上是在通过一种感性的"感受"（sentiment）而表达自己与该对象之间的特定关系。尽管这种关系是心理关系而非物理关系，但它仍属于两者之间的一种可以得到观察和检测的经验关联。不仅如此，这类感受性质的反应还能在理性上被转化为价值判断，比如，"我喜欢它"意着"它是好的"，而"我厌恶它"或"我害怕它"则意味着"它是不好的"；也可以被转化为事实信念，比如，"恐惧情绪发生的必要条件或主要原因是，我

---

① Aristotle, *Nicomachean Ethics*, pp. 956 – 957.
② 余纪元：《亚里士多德伦理学》，中国人民大学出版社2011年版，第83页。
③ Peter Goldie ed., *The Oxford Handbook of Philosophy of Emotion* (Oxford: Oxford University Press, 2010), pp. 2 – 3.

判断或相信我处于危险之中"①。虽然它们会因为鲜明的主观性而不一定准确,但它们作为判断或信念的逻辑地位本身却是稳定而明确的。在理性层面,它们既能作为认知的起点而引导行为者的思考方向,也能作为认知的原材料而接受行为者的进一步反思。如果这些缘于情感的判断或信念能得到理性的接纳,亦即,如果它们所提供的内容可以成功进入行为者的认知框架,那么,行为者今后在类似的条件下将更加稳定、自觉地表现出类似的情感反应。由此,情感的道德意义才会更加明确,才能更加逼近一种堪称"美德"的心理状态。②

其次,情感的重要性还表现在,行为者能够借助情感机制而理解他人并做出恰当的反应。亚里士多德说,人们具有一种"因为相信不应受害之人遭受了毁灭性的或令人苦痛的不幸,并想到自己或所爱之人亦有可能面临同样遭遇而感到痛苦"③的心理能力,即"同情"(sympathy)。凭借这种能力,行为者能洞察他人的情感,尤其是消极的情感,由此意识到当下情境的道德要求是什么,从而对他人的处境恰当地表达出一种怜悯反应,并采取相应行动来满足上述要求。然而,在"同情"中,"同情者的痛苦在质的方面不同于被同情者的痛苦,当一个人对他人的苦难表示同情时,他本身并不是那种苦难的受害者。舍勒就曾明确指出,出于同情的痛苦并非被同情者本身所体验到的痛苦,而是一种指向被同情者苦难的痛苦"④。因此,"同情"并不等于完全的"感同身受"。要做到真正"设身处地"地体验他人情感,感受到与他人相同的(至少是类似的)喜怒哀乐,则需要另外一种被称为"移情/同感"(empathy)的心理能力。与同情相比,移情能够更逼真地通过情感机制理解他人。而且,移情不限于对痛苦的转

---

① 费多益:《情绪的内在经验与情境重构术——基于心灵哲学的视角》,载《哲学研究》2013年第11期。
② "如果一个人绝对没有恐惧感……如果他连颤栗意味着什么都不知道的话,即使他多么顽强和无畏,我们都没有任何理由去钦佩他的这种'勇敢'。在道德生活中,一种没有恐惧意识的勇敢是极其不可思议的,它因而不具备任何道德意义。"参见杨兆锭:《行动、意志与道德悖论——法国伦理学家扬克勒维奇伦理思想简释》,载《世界哲学》2012年第4期。
③ [古希腊]亚里士多德:《修辞学》,罗念生译,三联书店1991年版,第89页。
④ 左稀:《同情的充要条件——纳斯鲍姆同情观研究》,载《道德与文明》2014年第2期。

移，它还涉及对快乐、愤怒、恐惧等各种情感的转移，因此适用于范围更广的道德情境。更重要的是，移情没有承诺行为者必定会给予他者以怜悯或关照的态度，而仅仅意味着行为者可以对他者采取一种贴近式或重叠式的了解。因此，移情就为一个行为者提供了成为"冷静的旁观者"的可能性，为实践理性介入和引导情感预留了一定的知识空间，从而使当代美德伦理学研究不必仅仅停留在对"慈悲之心"或"古道热肠"的描述与赞叹上。

无论是包含"欲望"与"感知"的实践理性，还是涉及"感受""同情"或"移情"的情感机制，本质上都是行为者认知与理解外部世界（情境和他人），接纳来自外部世界的信息，建立与外部世界的心理联系，并形成某些旨在向外部世界进行投放的信息的心理过程。但严格来说，在此过程中，行为者与外部世界并没有发生实质性的互动，两者仍处于相对独立的静态关系之中。真正要将与外部世界的心理联系转化为现实的联系，将那些旨在投放的信息确凿地投放出去，亦即，真正使得一个行为者将通过上述心理机制而获得的判断转变为具体的行动，这中间还有"意图"（intention）、"意志"（will）等环节亟待澄清。

所谓"意图"，正如下一章将要论证的那样，在很大程度上乃是"动机"的代名词。但这仍是一种出于清晰和规范的理论需要而做出的界定。事实上，美德伦理学对这个概念的使用要复杂得多。不仅如此，作为一个脱胎于现象学的"意向"概念的伦理学概念，如何理解它在现代现象学、道德哲学乃至行动哲学之间的不同定位和功能，更是一个棘手的问题。即便在道德哲学内部，也需搞清楚这个概念与贯穿伦理学史始终的"意志"概念之间有何关系。更不用说，仅就后者而言，"意志自由"（free will）与"意志软弱"（weakness of will）等经典问题，就跟它们困扰着其他规范理论一样，也依然是滞碍着美德伦理学的强大阻力。正是由于美德伦理学在这些道德心理问题上的不充分与不成熟，使得"美德伦理学尚未真正表现出它的这种优势……没有找到很好的方法来指导道德教育与道德修养的实践活动。在这种局面下，美德伦理对美德的鼓吹同规则伦理对道德规则的强调一样,难免沦为道德说教"①。因此,当代美德伦理学研究必须坦诚应对自身的薄弱环节,通过借助相关学科的思想资源,正面阐述相关心理议题,积极建构关于美德观念与美德行动的心理模型,使之在当代学术语境中收获更加扎实的基础以及更加广阔的发展空间。

第五节 道德心理问题与美德伦理学的启示

美德伦理学之所以重视道德心理问题,并且在这个问题上对规则伦理学展开激烈的批评,不仅是因为美德伦理学是一种注重行为者内心品质的学说,更是因为美德伦理学试图修正乃至还原人们在日常生活中进行道德考虑的真实情况。如果"人类的动机心理学还没有表明,我们被激发起来按照道德原则行动方式,不管是在类型上还是根本上都不同于我们被激发起来追求'日常的'目的或目标的方式。这就是说,我们没有理由相信道德动机在结构上不同于日常的动机"②,那么,我们就有必要根据日常的道德经验来理解和设计道德行为者的心理特征。从这个意义上讲,美德伦理学反对把所有的道德话语归结为关于"应当"的律法,反对把所有道德心理都整饬为"出于义务或责任"的心态,而是承认情感、欲望等非理性因素的实际存在及其正面作用,这本身就是对于道德心理之日常性和真实性的一种探求。毕竟,"对伦理生活的任何有效的反思都应该从日常生活内部开始——我们以日常生活、以我们对这种生活的理解为语境来理解伦理生活"③。

不仅如此,提升情感、欲望等心理因素的地位,还意味着伦理学将在一种更全面的意义上理解人的完整性。如前所述,道德心理的设计是和道德行为者的设计同步进行的。如果一种伦理学体系中的道德心理只剩下基

---

① 赵永刚:《美德伦理学:作为一种道德类型的独立性》,湖南师范大学出版社 2011 年版,第 201 页。
② 徐向东:《道德哲学与实践理性》,商务印书馆 2006 年版,第 46 页。
③ 卢华萍:《苏格拉底与亚里士多德论意志软弱》,见《外国哲学》第 17 辑,商务印书馆 2005 年版,第 110 页。

于理性及其义务感,或者,无论其他的道德心理是什么都终将被归结为基于理性及其义务感,那么,道德行为者的面目无疑将是单薄的。而情感、欲望等非理性因素,其实是理解人之存在方式的不可或缺的维度。在亚里士多德那里,情感被视为人性的根深蒂固的一部分,尽管它要听从理性的调遣,但它并没有因此而被消解和排斥。而休谟更加强调,激情在人类心灵中是比理性更基本的要素。现代心理学家也发现,人类"开始有道德感是来自同情,大约两三岁,慢慢地才发展理性。……同情不仅和理性不相违背,却可能成为理性能否充分展开的最重要的道德基础"[1]。可见,承认人类心理要素的多样性,将有助于道德行为者的形象更加饱满,也更加接近真实情况。

承认理性、情感、欲望等心理资源的有效性,还只是第一步。此后更关键的问题是如何准确恰当地使用这些资源。正如美德伦理学反对"义务感"统领全部道德心理领域一样,它也从未承诺"情感"或"欲望"等非理性因素能够充当这种普遍的角色。实际上,真正需要行为者留意的是,该在什么情况中使用它们,又该在什么情况下让它们让位于理性。这恰好意味着,道德行为者必须培养自己的"实践智慧",对伦理生活的多样性保持敏感观照和整体理解——到底是出于义务感而行动,还是出于同情心而行动,需要根据具体的道德情境而定。于是,行为者的自主性和能动性问题,将会在美德伦理学中比以往的道德哲学更加突出和重要。

尽管任何一种心理因素都是不可忽视的,但任何一种心理因素都不是决定性的。道德要求是否被道德行为者心甘情愿地执行,不仅仅是个简单的心理问题,而是一个与其生活处境相联系的实践问题。道德心理的来源和表现,在根本上,与道德行为者的社会生活及其自我同一性有关。因此,道德实践的生活历程,决定了行为者会形成怎样的自主性和能动性,决定了他在面对道德要求时会产生怎样的心理活动。而道德行为者的生活领域及其历程又必定有不同的维度——有的基于理性的制度

---

[1] 杜维明、黄万盛:《启蒙的反思》,江苏教育出版社2005年版,第88页。

安排，有的则是基于情感和血缘的纽带。于是，这就需要行为者审慎识别，细心处理，并以不同的心理因素来应对它们。美德伦理学对道德心理的思量和诉求，无疑为我们提供了重新理解道德知识与道德生活的契机。

第二章　理由、原因、动机或意图

　　道德心理既是美德伦理学的主要议题，也是当代伦理学的发展趋势和重要前沿。它不仅是道德哲学长期以来关于人性、灵魂、心灵等传统议题的必然延伸，而且是当代伦理学者针对现代道德哲学的心理缺失而做出的恰当反应。所以，要探讨与美德伦理相关的道德心理问题，就必须探讨与整个伦理学相关的道德心理问题。通过探究伦理学在心理问题上的预设、依据和内容，我们才能对伦理学所提出的道德要求有更深入的认同，对行为者的道德行动给出更合理的解释。

　　在这方面研究中，"理由""原因""动机"或"意图"已然成为道德心理学研究中曝光率最高的关键词。对这些基础性概念的理解和界定，将直接影响到道德心理学的分析框架与基本格局的形成。正因如此，这些概念在学界讨论的过程中才会表现出明显的歧义性甚至相当程度的重叠性，常常引人费解甚至误解。本章即通过剖析当代伦理学的典型观点，对上述概念予以澄清，并尝试性地为道德心理研究搭建一个基本框架，从而为后续的讨论提供一定的预备条件。

第一节　道德要求与道德理由

　　作为一种思想类型或理论学说，伦理学是人们反映、思考伦理生活的观念产物，但不是伦理生活本身。亚里士多德曾清楚地阐述过作为伦理生活的 ethos 和作为伦理思想的 ethics 之间的区分：伦理生活（ethos）是人们在生活中的风俗习惯及其在个人身上形成的气质和品质，而伦理学（ethics）则是针对这种风俗和品质的一项研究。①

但是，包括不少伦理学家在内的许多人却认为，伦理学的使命在于告诉人们应该做什么或不应该做什么（即如何行动），以及，应该怎样生活或不应该怎样生活（即如何生活）。也就是说，伦理学的使命在于为伦理生活提供道德要求。尽管这是伦理学最为人期待的一项任务，然而，它却是伦理学最不胜任的一项任务。因为，如前所述，（1）在伦理学作为一种正规的知识系统被提出之前，人们已经开始了自己的伦理生活，特定的价值观念和价值判断已经出现在生活之中。尽管这些观念及判断此时仍是一种粗糙的、原始的或不成体系的道德知识，但它们的存在足以使人的生活具备特定的道德要求，从而成为一种伦理的生活。况且，（2）人类的道德状况并没有因为伦理学的出现或道德知识的更加精细而变得更好：伦理学提出的道德要求——应当如何行动或如何生活——并未如其所愿地说服所有人。面对这种尴尬，伦理学不得不承认，伦理原则不过是一种"软约束"，它只对愿意遵守它们的人才有效。与之相比，倒是那些由法学、政治学提出并通过诉诸社会权威力量予以确定和推进的行为规范才更具实效。（3）纵然那些行为合乎道德要求的人，也未必就等于伦理学的自觉思考者和遵守者。很多时候，人们的道德意识和道德冲动来自伦理生活的潜移默化，而不是伦理学的正规传授。在实际中，哪些行为得到提倡而哪些行为又被人拒斥，这是由伦理生活自身的状况和逻辑决定的，而不是要等到伦理学家和伦理学出现后才大白于天下。更何况，（4）要求伦理学提供具体的道德要求，这会带来（实际上已经带来）一个严重的问题，即，伦理学内部不同思想的相互交锋甚至冲突，使人们在进行伦理决定时无所适从。这不但给伦理学招致学理上的难题，而且严重败坏了伦理学的声誉，人们会因为伦理学并未成功地改善伦理生活，而对这种类型的思想学说产

---

① Aristotle, *Nicomachean Ethics*, p.952.

生普遍的质疑。

所以，值得再次强调的是，一个社会接纳和提倡怎样的道德要求，根本上不是由 ethics 而是由 ethos 决定的。伦理学作为一项理论研究，其使命当然不在于越俎代庖地去制定道德要求，而在于对 ethos 所提出的各项道德要求进行理性的批判、论证和反思。也就是说，面对社会风俗所形成或提出的道德要求，伦理学的使命在于论证"为什么应该这样"以及"何以可能这样"。前者意味着采纳道德要求的依据和理由，而后者则涉及采纳这项道德要求的基础和条件。对一项道德要求来说，如果它经得起深层次的反思和追问，它就可以被继续接纳并得到强化；如果它经不起深层次的反思和追问，伦理学就需要提醒人们修改甚至放弃它。所以，人们学习和了解伦理学，并不是完全因为他对自己的社会倡导哪些价值以及他自己拥有哪些价值茫然无知，而是希望通过伦理学搞清楚"为什么他的价值是对的。……伦理学是要解释和说明这些道理，告诉人们为什么他们坚持的道德信念和道德信仰以及他们的道德习惯是好的"[①]。

因此，伦理学的根本使命不是充当直接的发号施令者或考虑提出怎样的道德要求，而是要考虑如何论证道德要求背后的道德理由。伦理学的任务，就是要把理由经过反思建立在一个合理的基础上，构成具有说服力的理论立场。在这个意义上，无论是康德主义、功利主义、亚里士多德主义还是休谟主义，其关键并不在于提出道德要求，而在于进一步为这些要求提供恰当的道德理由。因此，我们不妨将伦理学的这四种基本范式理解为是对不同的理由系统的建构。对它们而言，道德要求或有重叠之处，但它们的道德理由却各自不同。正是道德理由的差异而不是道德要求的差异导致四者彼此有别：

康德主义：你应当采取行动 A，因为，行动 A 可以成为一条可普遍化的行动法则。

功利主义：你应当采取行动 A，因为，行动 A 可以实现最大多数

---

① 余纪元：《亚里士多德伦理学》，第 4 页。

人的最大快乐。

亚里士多德主义：你应当采取行动 A，因为，行动 A 可以有助于你获得幸福或实现繁荣。

休谟主义：你应当采取行动 A，因为，行动 A 是可以实现你的欲望的手段。

第二节　内在理由与外在理由

任何理由都呈现为行为者内心的一种判断，并且通过某种肯定或否定的命题被表达出来。世界上如果没有人存在，自然谈不上"理由"；理由必定是人所持有的理由。如果没有健全的行为者存在，同样不可能有"理由"，因为只有被思维正常的人当作依据表达出来的观念才可能是"理由"。不仅如此，假如只有客观的事实而缺乏行为者对它的认知、理解和认同，那么，该事实仍然无法成为理由。比如，我们通常说，"足球场上裁判的哨声响起"是"球员停止比赛"的理由。但是，"哨声响起"这一事实本身尚不足以成为"停止比赛"的理由——只有当行为者认知到该事实（即，球员听到了哨声），理解了该事实（即，球员明白裁判的哨声响起意味着停止比赛），并且承认了该事实（即，球员认同"裁判哨声响起，比赛即刻暂停或终止"的比赛规则）的合理性之后，他才能将这项事实"接纳"为自己的理由。所以，理由固然包含某些事实，但是，当这些事实构成理由的一部分时，它们就已经成为观念中的事实，而不再是纯粹客观的事实。正如杨国荣教授注意到的那样："理由包括事实、认识、意欲或意向等多重因素，这些因素相互联系，呈现为统一的结构。"① 只不过，这种结构并非一个事实结构，而是行为者内心包含一定事实内容的心灵结构。

因此，比如说，当一个功利主义者将"行动 A 可以实现最大多数人的最大快乐"列为"应当采取行动 A"的道德理由时，他并不是单纯描述一

---

① 杨国荣：《理由、原因与行动》，载《哲学研究》2011 年第 9 期。

个客观的事实,而是在描述他对于这个事实的理解和承认。也就是说,除非(1)他预先认为"一个行动是否应当"恰好取决于"它是否实现最大多数人的最大快乐"并且(2)承认这种关联性是合理的,否则,即使"行动 A 实现最大多数人的最大功利"是不可否认的实际情形,那也无法从一个物理事件转化为一个心理事件。更何况,行动 A 是否真的可以实现最大多数人的最大快乐,仍然有待进一步的经验考察。在相当大程度上,这或许并不是事实,至少不是一个可被完全证明的事实。类似的问题,在康德主义和亚里士多德主义的理由那里同样存在,因为它们同样是经道德行为者心理建构而成的主观判断。

理由是一种判断,但并非所有的判断都是理由。理由是用于解释行动并赋予其合理性的判断。唐纳德·戴维森(Donald Davison)指出,理由"是行动者想要的、渴望的、赞赏的、珍视的,认为是有义务的、有帮助的、有责任的或能够接受的行为某特征、后果或方面。"[①] "当我们问某人为何这么做时,我们想要他提供一种解释。……当我们知道他的理由时,我们就有了一种解释,一种关于他所作所为的新的描述。"[②] 类似的,从旁观者和评价者的角度看,当我们为这个行为者的行动提供理由时,我们其实是在"重新描述那个行动;而重新描述该行动就是将该行动置于一种模式之中,并且通过这种方式来解释该行动"[③]。所以,无论是行为者还是旁观者,当他们有理由来解释这个行动时,首当其冲的,就是要将它解释为合理的(rational)行动,亦即,通过某种合理化解释,把该行动表述为一个可以理解的而不是不可理喻的行动。

与一般理由不同,道德理由不仅需要将道德要求所包含的那个应该采取的行动"解释为"合理的行动,而且还需要将这个行动"论证为"正当的(right)行动。也就是说,除了从逻辑上揭示该行动的可理解性之外,道德理由更需要证明其应然性和规范性——道德理由正是通过将一个行动

[①] Donald Davidson, "Actions, Reasons and Causes", in his *Essays on Action, Reason and Cause* (Oxford: Clarendon Press, 2001), p. 3.
[②] Donald Davidson, "Actions, Reasons and Causes", pp. 9-10.
[③] Donald Davidson, "Actions, Reasons and Causes", p. 10.

证明为正当而解释该行动的。在这里,"论证一个行动和解释一个行动常常如影随形"①。既然这个行动被证明为应该做的事情,那么,道德理由就不可能仅仅停留于"解释"与"证明"的层面,而只会更进一步,体现出一种激发行为者根据理由去履行道德要求的实践诉求。因此,任何一种伦理学立场,当它们提出各自的理由时,总是会对这些理由的实践性与推动力充满信心和期待。

理由要实现自身的实践性与推动力,就必须现实地激发行为者,使之形成"采取行动 A"的动机。但是,正如我们看到的那样,并不是所有的理由在被提出来之后都自动地转化为行为者的动机。如果行为者并未采信和采纳这些理由,他们就不会形成包含着这些理由的动机。不过要注意到,即便是这样的情况下,人们也仍愿意将上述理由称作"理由"。因为无论行为者是否被激发起来形成动机,它们都是摆在行为者面前可供他选择并且始终对他施加着某种(潜在的)约束和引导作用的依据,有时候甚至被认为是某种规范性事实,它们"并不会因为缺乏一个合适的动机而被证伪"②。威廉姆斯将这样的理由称作"外在理由"(external reasons)。它们并不参与行为者实际动机的形成过程,因此,即便行为者最终实施的行动与它们所包含的诉求在内容上一致,该行动也不能通过这些理由而得到说明。③

与外在理由相对的是"内在理由"(internal reasons)。在威廉姆斯看来,一个理由是内在的,意味着它所包含的内容与行为者的主观动机集合(subjective motivational set)有所匹配并实际地构成了行为者的动机。内在理由必定激发行为者采取相应的行动;一个理由如果没有构成行为者的动机,就不是一个内在理由(甚或根本不是理由)。因此,按照威廉姆斯的观点,当我们以"内在的解释"方式来理解"行为者有理由做某事"命题时,只有当该行为者确实具备了"去做此事"的动机,我们才能判定它是真的。④ 所以,一个理由是否堪称"内在理由",取决于行为者是否根据该

---

① Donald Davidson, "Actions, Reasons and Causes", p. 8.
② Bernard Williams, *Moral Luck* (Cambridge: Cambridge University Press, 1981), p. 101.
③ Bernard Williams, *Moral Luck*, p. 107.
④ Bernard Williams, *Moral Luck*, p. 101.

理由形成了合适的动机，或者说，取决于该理由所表述的内容是否属于行为者的主观动机集合。所谓"主观动机集合"，威廉姆斯指出，最简单的理解是指行为者所希望实现的各种欲求或欲望，但除此之外，它还"包含诸如评价的倾向、情感反应的模式、个人的忠诚，以及各式各样尽管可能被抽象地表达、但却体现着行为者诸多承诺的计划等东西"①。

虽然内在理由更多的是和行为者的秉性、偏好、生活计划等个体要素相关，但它却不一定局限于或发端于行为者的欲望。就连常常被视作休谟主义者的威廉姆斯自己也承认，对一个理由所做出的"内在的"解释，并不等于那种"肯定过于简单"的"欲望+信念"的"准休谟式模型"（sub-Humean Model）。② 因为内在理由的根本特征在于它的心理功能（即，是否实际地构成动机），而不在于它的表现形态（即，究竟是欲望还是理性）。毋宁说，任何实际激发行为者从而导致行为者形成动机的理由，都是内在理由。对于休谟主义者，它们表现为具有感性色彩的欲望及其相关信念；对于亚里士多德主义者，它们表现为具有明显的个性特征的幸福目的论；对于功利主义者，它们表现为每个人基于自然感受的功利诉求及其计算；而对于康德主义者，理性提供的普遍法则同样是内在的理由。在康德主义者看来，普遍的道德法则并非外在于行为者主观动机集合的东西，而恰恰是在行为者内部必然产生且构成真实动机的东西。康德主义者显然相信，"道德原则（或者立足于那些原则的道德判断）必然向一切理性行动者提供了道德行动的内在理由"，因此"一旦行动者意识到某个行动是道德上要求的，他就有一个动机来履行这个行动"③。康德主义的道德理由既然本身就是意志在纯粹理性的命令下自我立法的结果，那么，它便不可能不直接地体现为动机。在这个意义上，康德主义者不仅是内在主义者，而且是强的内在主义者。

所以，外在理由与内在理由的区别不在于一般理性原则与个别感性欲望之间的区别。只要行为者坚定地相信和认同前者，那么，任何一般的理

---

① Bernard Williams, *Moral Luck*, p. 105.
② Bernard Williams, *Moral Luck*, p. 101.
③ 徐向东：《道德知识与伦理客观性》，载《云南大学学报》2013年第1期。

性原则也会出现于主观动机集合并构成行为者的动机。同样的，外在理由与内在理由之间的区别也不在于前者是行为者身外的客观事实，而后者只是行为者心中的主观依据。因为，其一，如前所述，任何理由都是行为者的内心判断；当事实成为理由时，它已经是行为者观念的一部分，而且是经过行为者认知、理解、承认等一系列心理过程塑造而成的观念的一部分。其二，只要行为者相信这些事实及其观念的规范性，那么他也同样足以生成相应的动机；作为动机内容而呈现出来的事实（观念的事实）当然成其为行为者的一项内在理由。

因此，内在理由与外在理由的区分，不是"内在于个性化欲望还是外在于个性化欲望"的区分，也不是"内在于心灵还是外在于心灵"的区分，而是"内在于动机还是外在于动机"的区分。内在理由必须是行为者所承认和接纳的理由，必须是具有驱动性和推动力的理由，必须是内在于行为者动机并构成其动机的理由，必须是基于第一人称视角的"激发性理由"（motivating reason）；而外在理由则不一定被行为者接受或接纳，不一定构成其动机，尽管它们在旁观者看来也仍具有相当强烈的规范性和指导意义，但它只是一种基于第三人称视角（有时候也可以基于第一人称视角）的"规范性理由"（normative reason）。① 威廉姆斯指出，外在理由转化为内在理由需要借助某种心理联系，而"这种心理联系似乎就是信念"；对一个外在理由，如果行为者相信其合理性和规范性，那么，该理由将合乎其主观动机集合而转化为实施行动的内在理由。②

第三节　理由与原因

康德主义、功利主义、亚里士多德主义和休谟主义的理由都可以成为内在理由，只要它们被行为者相信和采纳；它们也都可能仅仅是外在理

---

① 亓学太：《行动的理由与道德的基础》，载《学术月刊》2010年第5期。
② Bernard Williams, *Moral Luck*, pp. 107-108. 杨国荣教授也注意到："基于一般原则的理由，也需要具备一定的条件才能转化为动机，这种条件包括理性的确认、情感的认同以及意愿层面的选择和接受。"参见杨国荣：《理由、原因与行动》。

由，只要行为者对它们表示不以为然。因此，断言"康德主义或功利主义的理由是外在理由，而亚里士多德主义和休谟主义的理由是内在理由"，这是不准确的。更恰当的看法是，虽然任何伦理学立场的理由都可以成为行为者的内在理由，但并非每种类型的理由都可以同等容易地或经常性地成为内在理由，因为每种理由为人接受的便利程度和广泛程度是不一样的。

康德主义的理性原则当然可以构成行为者的实际动机，然而，它要求这些行为者必须首先是康德主义者，或者说，它要求这些行为者必须首先要"相信"通过纯粹理性的自我立法而以普遍原则的形式表达出来的理由具备充分的合法性，"相信"这些理由能够直接激发行为者的动机。在此意义上，康德主义的理由只是对康德主义者来说才是内在的，而对非康德主义者来说，这样的理由——"使你的行为准则同时成为一条可以普遍化的法则"——则难以构成动机。康德主义者之所以"认为一个人对道德正确性的认识本身就足以激发那个人行动，是因为他们一厢情愿地强调履行道德义务的动机必然性和理性必然性"[①]。而类似的情况也出现在功利主义那里。尽管功利主义的理论基点是行为者的经验感受甚或本能（趋乐避苦），但它作为理由而提出来的功利原则却是一条需要对这些感受进行计算的理性原则。严格地说，功利主义的理由不是关于痛苦或快乐的直接体验，而是对于痛苦与快乐之间孰大孰小、孰多孰少的一种关系判断。所谓"最大多数人的最大快乐"，恰恰是通过对苦乐的计算而不是对苦乐的感受得出的结论。因此，功利主义必定要求行为者首先认同"最大多数人的最大快乐"的理性原则，其次要能够计算出该原则在特定情境中的具体结论。对于前者，并不是每个人都会赞同从而将其承认为必然的理性原则（康德主义者就是最典型最激烈的反对者）；对于后者，即便是在功利主义者内部也不可能时时达成一致。所以，功利主义所提供的理由，虽然因为奠基于行为者的自然属性而比康德主义更易理解也"门槛更低"，但从它们停留于外在理由层面的风险性以及由外在理由转化为内在理由的困难程

[①] 徐向东：《道德哲学与实践理性》，第49页。

度来看，却不见得比康德主义强多少。

　　作为现代规则伦理学的两种主流，康德主义与功利主义的根本问题其实并不在于它们将行为者对纯粹理性的承诺或功利诉求的承诺纳入主观动机集合，而在于，它们在这么做的同时却排斥了（包括它们彼此排斥）行为者可能肩负的其他承诺或个性之物。如此苛刻的集合标准，势必约束集合囊括的要素范围，使得大部分理由都无法置身其中，而只能停留于外在理由的层面上。相比之下，亚里士多德主义与休谟主义设定的主观动机集合更为宽松，允许更多的心理因素（情感、欲望甚至冲动）纳入其中，允许更多的日常诉求成为内在理由并构成合法的行为动机。它们分别提供的以"实现自我繁荣的目的追求"以及"满足自我欲望的真实渴望"为内容的理由具有明显的切身性，从而更容易成为普通人的主观动机。在此意义上，对一个行为者来说，成为一个亚里士多德主义者或休谟主义者无疑要比成为一个康德主义者或功利主义者更容易些。

　　关于亚里士多德主义的理由与动机问题，将在后文详述。我们这里先考察一下休谟主义的立场。这一方面是因为，如威廉姆斯所说，休谟主义或准休谟模式的理由是对理由进行内在解释（内在理由）的最简单模型①；日常生活中，构成行为者大多数动机的内在理由都是以休谟主义的方式来解释和呈现的，它们是最容易也最频繁出现的理由形态。另一方面则是因为，在一定意义上，亚里士多德主义所提供的目的论理由可被视作休谟主义的一个特殊版本，其中休谟主义的"欲望"被具体地规定为"对自我幸福或繁荣的欲望"。

　　休谟主义认为，行动的心理过程总是从行为者的欲望（desire）开始的，既包括经验或自然的欲望，也包括行为者的各种目的和诉求。因此，休谟主义的"欲望"概念应该被广义地理解；在语言上，它们表现为行为者的如下命题："我想要（I want to）做某事""我打算（I intend to）做某事"或"我将会（I will）做某事"等。当行为者确信一个具体行动 A 将实现该欲望时，他便会得出"我要采取行动 A"的结论。戴维森将这样的

---

① Bernard Williams, *Moral Luck*, p. 102.

理由形态称作"基本理由",它包括支持性态度(pro-attitude)以及相关的信念(belief)。前者意味着行为者对某种类型的行动持有支持或赞同的心理倾向(包括愿望、要求、目标等),想要或愿意去实现它;后者则意味着行为者相信或断定某个具体行动具备上述行动类型的特征,构成了实现上述行动类型的一个具体方案。① 概言之,休谟主义的理由表现为如下三段论:

大前提:我想要做某事。
小前提:行动 A 属于做某事的一个具体方案。
结　论:我想要采取行动 A。

也就是说,作为"欲望"的大前提和作为"信念"的小前提共同形成了行为者采取行动 A 的基本理由。而"欲望"本身就已经蕴含着行为者正处于一种试图或倾向于实施某种行动的被激发状态。② 所以,由"欲望+信念"所组成的基本理由必定构成一个动机而引起行动发生——它必定是内在的理由。③ 在这个意义上,"理由被理解为行动所以发生的根源。……愿望、要求、目的等(对行动的支持性态度)与信念作为理由的具体内容,可以引发行动"④;"行动的基本理由就是行动的原因"⑤,两者存在某种重合性。

当理由作为内在理由而构成动机时,它确实充当了行动的原因。但是,行动的原因却不限于行动的理由。作为行为者的心理因素,行动的理由所构成的动机仅仅是引发行动的主体原因或行为者原因;这种原因与行

---

① Donald Davidson, "Actions, Reasons and Causes", p. 3.
② Davidson, "Intending", in his *Essays on Action, Reason and Cause* (Oxford: Clarendon Press, 2001), p. 86.
③ 戴维森从一开始就指出,为行动赋予合理化的理由只可能是这样一种理由,即,它能够使我们发现该行为者"在其行为之中"所看到的或者认为他所看到的某种东西。参见 Donald Davidson, "Actions, Reasons and Causes", p. 3。
④ 杨国荣:《理由、原因与行动》。
⑤ Donald Davidson, "Actions, Reasons and Causes", p. 4.

动之间的关系只是"行为者的因果关系"(agent-causation)。除此之外，引起行动的还会有另一些主体之外的客观事件，甚至在有的情况下（比如，车晃踩脚），行动完全就是由这些事件原因引发的；这种原因与行动之间构成的是"事件的因果关系"(event-causation)。如果不考虑任何行动实质上既包括行为者原因又包括事件原因，而是根据行动的基本方面给予大致区分的话，那么我们可以说，在行为者的因果关系中，促成行动的是行为者的某个动机，是一个心理事件，而在事件的因果关系中，促成行动的则不是行为者的动机，而是行为者之外的某个动力，是一个物理事件。心理事件与物理事件都可以成为行动的原因。①

由此，我们至少可以得出两点结论：（1）当理由以内在理由的形式构成动机时，作为心理事件，它只是行动的原因之一，而不是行动原因的全部。因此，不加限定地说"行动的理由就是行动的原因"，是不妥当的。这尚未囊括所有的行动类型，尤其是那些纯粹因外力而引发行动的情形。（2）即便在行为者因果关系的前提下认为"行动的理由就是行动的原因"，也只是一种为了简便起见的省略说法。因为理由并不能直接成为引发行动的原因；只有当理由成为一种内在理由时，亦即，只有当理由参与构成动机时，它才能引发行动。所以更恰当的说法是，"行动的理由是行动的间接原因，而行动的动机是行动的直接原因"。

在康德主义和功利主义的理由模式中，理性（reason）当然属于构成理由的最主要元素，甚至是唯一元素。但是，如果休谟主义的理由模式在相当广泛的程度上可以被接受，那么，除了理性，行为者的欲望（desire）、情感（emotion）等非理性元素显然也在构成着理由。休谟主义的理由也许不像康德主义那样合乎纯粹的理性，然而，它仍然在一种合情合理的意义上是可以被认知、表述、澄清甚至辩难的。至少，它可以借助语言

---

① 无论是心理事件还是物理事件，原因必定是在行为之前发生从而引发行为的东西。然而，在一种狭义的理解中，"原因"被局限于物理事件层面，而"理由"被等同于心理事件。比如，安斯库姆就说："行动越是被描述为一种简单的回应，人们就越是会倾向于使用'原因'这个词；而它越是被描述为一种针对某个在行为者的表述中被认定具有重大意义的事情的回应，或是一种伴随着想法和问题的回应，那么人们就越是倾向于使用'理由'这个词。"参见G. E. M. Anscombe, *Intention*, pp. 23 - 24。但是下文将表明，这两点认识都不是准确的。

而以命题的形式被表述出来。

相比之下，诸如直觉（intuition）、冲动（impulse）等心理过程则是更加"混沌"，更加"难以言表"。尽管我们可能通过事后的分析而将这些心理过程"还原"为某种推理过程，但是，在它们实际发生的那一瞬间却并无理由可言。有过类似体验的行为者即便在事后也往往说不清楚自己当时到底是一种什么样的心理状况，更妄论能够识别出自己的详尽理由了。所以，这类心理事件不属于"理由"。然而，如果因此断言出于直觉或冲动的行为者"缺乏动机"，却又矫枉过正了。因为直觉或冲动依然属于行为者在实施行动时所具备的真实的心理过程，它们确实构成了行为者的动机——只不过是一种迅捷到难以识别或理解的动机。出于直觉或冲动，而不是出于理性、欲望或情感，这顶多只能表明行为者是"无理由"的，却不能认为他们是"无动机"的。

因此，一方面是由理性、欲望或情感构造的有理由的心理状态 I，一方面是由直觉或冲动构造的无理由的心理状态 II，两者同属行为者的动机，同属促成行动的心理事件，因而同属引发行动的行为者原因。真正与之对立的，是行为者之外的物理事件或事件原因 III。在这种情形中，对于实际发生的行动，行为者并无任何试图引发它的心理过程，因此，既谈不上有理由，也谈不上有动机；该行动完全是由那些物理层面的事件原因引发的。我们不妨用一个结构表来概括上述分析框架：

表 2–1

I	理性	有理由	有外在理由	无动机	无原因	
	欲望		有内在理由	有动机	行为者原因（心理事件）	原因
	情感					
II	直觉	无理由		有动机	行为者原因（心理事件）	原因
	冲动					
III	无	无理由		无动机	事件原因（物理事件）	

第四节 理由与意图

理由、动机和原因,是研究行为者的道德心理时务必澄清的几个重要概念。对于它们,尽管不同的分析框架会有不同的理解,但在同一个分析框架内却必须给予前后一致的理解。如果界定模糊不清或随意摇摆,从而使其内涵外延忽大忽小、忽左忽右的话,只会令人费解甚至反感。上述分析框架虽然在一定程度上明确了理由、动机与原因的概念位置,然而,作为道德心理学研究,它仍然遗漏了另一个可能与之重叠但似乎又存在区别的概念,即意图(intention)。什么是意图?它与理由、动机、原因等概念是什么关系?对于这些问题,必须展开研究。

安斯库姆在《意图》一书中曾对这个概念给出一种极具代表性和影响力的解释。她认为,"意图"就是理由,有意图的行动就是有理由的行动。说一个行为者行动时具备某种意图,这意味着,当别人针对其行为提出"为什么"的问题时,他能够做出恰当回答。也就是说,他能够为自己的行动给出理由,从而表明该行动不是无中生有或不可理喻的。安斯库姆说:"是什么把有意图的行动与没有意图的行动区别开来?我给出的答案是,它们是那些我们可以对它们提出一种特定意义的'为什么'问题的行动;这种意义当然在于,如果回答是肯定的,那么便为行动提供了一种理由。"[①] 所以,当一个有意图的行为者回答"你为什么这么做"的问题时,他必定会给出仔细的解释和论证。尽管这些解释与论证既可能是康德主义或功利主义的,也可能是休谟主义或亚里士多德主义的,既可能是基于理性,也可能是出于情感,但无论如何,行为者总能提供某些具体的依据和说法,而不是简单、武断、没有来由地声称"我就是要这么做"。安斯库姆指出,"特殊意义的'为什么'问题"就是要规避或剔除后面这类情形。如果"对于'为什么'这个问题的唯一回答是'我就是要'……那就不存在那个特殊意义的'为什么'问题,也就根本不存在专门的'有意

---

① G. E. M. Anscombe, *Intention*, p. 9.

图的行动'概念"①。"因此,对于那个'为什么'的问题,除了'我就是做了'这样的回答之外还有其他回答出现,这对意图概念或意愿行动的概念来说是不可或缺的。"②而所谓的"其他回答",正是关于具体理由的回答。

但是,在日常情形中,当针对一个行为者的意图进行发问时,我们首先问的是"你这么做有没有意图",其次才会问"你这么做的意图是什么"。对第一个问题的肯定回答是:"是的,我有意图,我是想要这么做。"而对第二个问题的回答则是:"我之所以想要这么做,是因为/为了……"可见,将有意图行为同无意图行为区分开来的是第一个问题,而第二个问题则是对有意图行为的意图内容进行具体的揭示。当安斯库姆将意图等同于理由时,她实际上考虑的是第二个问题。在她看来,只有当行为者说出具体的理由而不是仅仅说"我就是想要这么做"时,他才能算作"有意图的"。显然,这是一种关于意图的强定义;它要求我们必须在"有理由"的意义上来理解"有意图",而"无理由"的行动(即,无法回答"为什么"问题的行动)只能是"无意图"的行动。

然而,这种定义却忽视了三个方面的问题。第一,并非所有有意图的行动都是有理由的。如上所述,区别有意图行动与无意图行动的关键问题是"你这么做有没有意图"。一个行为者,只要他在行动时内心具有特定的实践指向和实践目标,即,指向某个对象、事件或某种状态(有所指)并试图通过行动来改造这个对象,操作这个事件或实现这种状态(有所图),那么他就是"有意图的"。用罗伯特·布莱顿(Robert Brandom)的话来说,"意图"意味着内心之中的一种"实践承诺"(practical commitment)。这种心理过程既可以表现为能够加以分析和表述的出于理性、情感或欲望的"有理由"状态,也可以表现为不可分析、难以言状的出于直觉或冲动的"无理由"状态。在直觉或冲动的状态下,行为者虽然无法条分缕析地详细回答"为什么"这个问题,但他却并未因此丧失其实践承诺

---

① G. E. M. Anscombe, *Intention*, p. 32.
② G. E. M. Anscombe, *Intention*, p. 33.

而变得无所指或无所图。① 经验表明,许多出于直觉或冲动的行为者依然能够(多数在事后)清楚地意识到,自己确实具有一个"想要去做"的念头;他们虽然只能简单地说"我就是要这么做"而并不能提供任何明确的慎思过程,但这种说法却已经足以表明他正持有某种意图。② 换言之,行为者只需要对第一个问题做出肯定的回答而不需要对第二个问题做出具体的回答,便能够将自己归于"有意图"之列,即便他可能是"无理由"的。

第二,并非所有有理由的行动都是有意图的。如前所述,理由可以被分为内在理由和外在理由。任何一个理由都有可能成为内在的理由,也有可能成为外在的理由,而区分的尺度就在于它是否合乎行为者的主观动机集合而实际地构成一个动机。当理由仅仅停留于外在理由的层面时,它其实尚未影响到行为者内心的实践指向以及实践目标,亦即尚未影响到行为者的意图。在这种条件下,有理由不等于有意图。或者,更确切地说,有外在理由不等于有意图。只有在有内在理由的条件下,理由实际地作用于行为者关于行动的慎思或考虑,才会使之形成"想要去这么做"的意图并表现为现实的动机。因此,当且仅当在内在的意义上,我们才能说"有理由"就"有意图",或者,"有意图"就意味着"有理由"。

第三,既然如上所述有些有意图的行动是"无理由"的,那么,我们就不能再像安斯库姆那样认为"无理由的行动就是无意图的行动"。毋宁说,"无理由的行动即无意图的行动"这种说法,只有在某种限定的意义上才能成立,即,完全是由于物理事件所导致的行动作为一种无理由的行动乃是无意图的。因为,当行为者受到来自某个物理事件的外力作用而行

---

① 布莱顿意识到,"一个人可以持有一些无理由的意图,亦即,持有一些行动者并不能通过诉诸与实践推理的前提具有恰当关联的信念承诺便足以持有的实践承诺。在这种情况下,虽然仍可以有行动,但它并非由理由所致"。参见 Robert Brandom, *Making It Explicit: Reasoning, Representing and Discursive Commitment* (Cambridge: Harvard University Press, 1994), pp. 261-262。

② 戴维森承认,如果形成意图需要那些有意识的慎思或决定过程,那么"大多数的意图都是无法形成的"。因此"我们需要更为广义也更为中性的概念来描述意图的逐渐形成——一种如此缓慢或在不经意间发生以至于行为者也搞不清楚它何时出现的过程"。参见 Davidson, "Intending", p. 89。

动时，他事先对于该行动的发生其实并没有任何考虑或打算，也没有任何指向或企图，因此从他的角度来讲，这里既没有什么理由，也没有什么意图可言。

综言之，我们可以用另一个表格来描述意图与理由之间的复杂关系。

表 2-2

	理性		有外在理由	无意图
I	欲望	有理由	有内在理由	
	情感			有意图
II	直觉	无理由		
	冲动			
III	无	无理由		无意图

对比表 2-1 和表 2-2，我们不难发现，"意图"恰好替代了"动机"的位置。但凡表 2-1 中的"有动机"皆被表 2-2 中的"有意图"代替；同样的，但凡表 2-1 中的"无动机"在这里也呈现为"无意图"。虽然表 2-2 进一步划分了"有理由"的两种情况而把"外在理由"单独标记出来，但是，毫无疑问，假如我们在表 2-1 中也做如此划分和标识的话，我们同样也需以"无动机"来与之对应，就像这里用"无意图"来与之对应一样。

这种情形绝非偶然，因为"意图"在相当大的程度上就等于"动机"。首先，当我们去考察一个行为的动机时，我们同样会问"你这么做有没有动机"以及"你这么做的动机是什么"等问题；而对它们做出的肯定回答同样也是："是的，我有动机，我是想要这么做"以及"我之所以这么做，是因为/为了……"这表明，动机与意图在其概念的逻辑结构上是一致的。其次，就概念的逻辑地位而言，严格意义上的"意图"（我想要采取行动 A）应该仅限于实践三段论的结论部分，而"欲望（我想要做某事）+信念（行动 A 是做某事的一个方案）"所组成的前提部分则属于"理由"。这样，理由与意图就被完全区分开来。此时被称作"意图"的东西，作为实践三段论的结论部分,恰好就是原先被称作行为者"动机"的东西。①再者,在逻辑功能上,动机意味着行为者已经在内心被激发起来,指向某个对象或事情,并且试图对这个对象或事情进行实践上的作用或改造。而布莱顿用"实践承诺"来解释"意图",正好也表明了这一点,即,意图必须使行为者切实地产生指向实践、改造实践的坚定念头。这种"要真正行动起来,去这么做"的实践承诺显然就是"动机"。②因此,可以说,意图是动机的另一种表述;它们都是对能够催生行为的、作为行为者原因的同一种心理事件的刻画。假如一定要讲两者之间有什么差异的话,我们或许可以认为,"意图"侧重于对上述心理过程的对象指向性或趋向性的揭示,而"动机"则更强调这种具有指向性或趋向性的心理过程乃是一种被激发的动态状况。如果这种理解是可接受的,那么,我们就需要将表2-1和表2-2结合起来,借用表2-2的分析来进一步完善表2-1的内容,从而得到如下分析框架:

表2-3

I	理性	有理由	有外在理由	无动机/无意图	无原因
	欲望		有内在理由	有动机/有意图	行为者原因（心理事件）	原因
	情感				
II	直觉	无理由			
	冲动				
III	无	无理由		无动机/无意图	事件原因（物理事件）	

---

① 戴维森的理解有所不同。他认为行动（行动 A）的理由是欲望（大前提：我想要做某事）及信念（小前提：采取行动 A 是做某事的一个方案）的组合,而行动的意图则是其大前提的内容本身（做某事）。用他的话来说,"某人带着做某事的意图来采取行动 A"。可见,他所理解的"意图"不是实践三段论的结论（我想要采取行动 A）,而是实践三段论的大前提（我想要做某事）,或者更精确地说,是大前提的一部分（做某事）。但即便如此,也不能认为意图不等于动机,因为戴维森同时也把"动机"从结论层面提升到大前提层面。这样,行为者的动机就不会被表达为"我想要采取行动 A",而是发生在"我想要做某事"的欲望或支持性态度的涌现之际。作为大前提的欲望的出现,已经意味着行为者处于一种被激发、被驱动的心理状态。在此意义上,意图仍然等于动机——只不过是在大前提层面上而不是在结论层面上等同于动机。参见 Davidson, "Intending", pp. 84–86.

② Davidson, "Intending", pp. 90–91.

理由、原因、动机或意图是道德心理学最基本的概念。对它们做出不同的理解和定义会给道德心理研究带来不同的分析框架。但无论如何，在同一个分析框架内的界定不能模糊不清或随意摇摆。对于上述框架，尽管可能依然存在着一些有待解决的问题——如，将行为者的基本心理要素仅仅区分为理性、情感、欲望、直觉、冲动五种类型是否充分？以休谟主义模式作为主要分析对象是否合适？动机和意图之间是否完全等同？作为心理事件的行为者原因与作为物理事件的事件原因是否表达了同一类型的因果关系？——但是，就该分析框架本身而言，道德心理学若干基本概念的内涵、外延及其相互关系是清晰、明确而稳定的。以此为坐标，我们可以对行为者心理活动及其变化的更复杂情况予以进一步的探究。当然，相对于人类真实的心理状况，任何道德心理学的分析框架都只是概要性的；所有这些分析都仍处于不断修订的开放进程之中。作为一门实践知识，包括道德心理学在内的一切伦理学知识都必须以伦理生活的实际情况为基础和限度，不断反思并做出调整。只有始终不颠倒伦理生活与伦理知识之间的关系，伦理学才能不辱使命，不忘初心。

第三章　意志、意志自决与意志自由

伦理学关注道德心理问题，其目的仍在于关注道德行为者的行动。毕竟，只有当行为者把自己内心当中的理由转化为动机或意图进而引发行动，他才能展现自己的心灵状态，而旁观者也才能由此认识他的思维结构并给出相应的评价。因此，关注心灵与行动，是伦理学不可分割的两大主题。

然而，从理由到动机/意图，还只是说明了某些理由经过与主观动机集合的匹配与筛选而构成了内在理由，它们在行为者的内心形成了某种可以促动他的肯定性命题——"我想要做某事"。不过，这依然是行为者发出行动的预备性步骤之一。因为如果行动者并未遵循动机/意图的指令，从而并未实际地发出行动的话，那么，这里的动机/意图作为来自行为者方面的原因，就仍然只是一种潜在的原因，一种尚未引发结果的心理状态。换言之，尽管行动者此时在心理上已经得到激发，形成了一种倾向于做某事的实践承诺，但他在肢体上却依然可能未被促动。于是，这样的实践承诺就依然停留在"信誓旦旦"甚或"蠢蠢欲动"的"承诺"阶段上。

可见，从动机/意图到实际的（产生了行动结果的）原因，其间还要有某种心理要素。这就是"意志"。在一般讨论中，意志是否可以选择或确立行动的动机/意图，意志如何选择或确立动机/意图，以及意志能否严格遵循已被选择或确立的动机/意图，乃是伦理学涉及意志问题的三个主要展开方向,它们构成了关于"意志自由""实践理性"以及"意志软弱"的研究。毫无疑问,对意志自由的研究是最基本的。本章即通过分析意志自由的内涵,梳理伦理学史的几种典型论证并回应现代决定论的挑战,为"意志自由"提供一个理解框架。

第一节 意志与自由

意志自由之所以是个复杂的问题,是因为无论"意志"或"自由"都需要给予详细的解释。

一般来说,意志是指行为者导向有意图行为的心理机能或精神功能。与"意识"相比,"意志"是行为者关于"欲求某事,选择和决定行动根据并依此采取行动的能力"[①],因而必定与行动相关;意志不是对外在现象的反映、吸纳或整理,而是面向现象的主动投射,呈现出改造世界和影响生活的实践要求。在心理上,意志表现为行为者在内心真实而牢固确立的做某事的决定;在语言上,它表现为行为者对动机/意图所表述的那个肯定性命题——"我要做某事"——的再次确认。

意志体现出强烈的目的性和能动性。尽管有些动物在采取动作时也会有一定的目的性和能动性,但由于它们不能清晰地意识和反思到有一个"我"作为主体正在发出指令,所以,动物不能被认为具有意志。就此而言,意志是一种较高级的思维形态,它不仅是行为者试图采取行动的心理预备阶段,而且,这种心理预备阶段必须随时接受行为者自己的反思检测与认定。如果我们仅仅在表象上观察到一个行为被发出,而行为者自身却并无清醒的意识或是他无论如何也不能反思到自己的意识,那么,我们无法对其意志表示认同。

"自由"更是内涵丰富的概念。在认识论中,自由指的是人在认知活动中的心理能动性、变通性和整合性,即"认知自由"。如康德认为,人

---

① [美]尼古拉斯·布宁、余纪元编:《西方哲学英汉对照辞典》,人民出版社2001年版,第1070页。

对现象界的认识，是一个运用先验直观和先验统觉整合现象质料的过程。这些先天的框架不是来自经验世界，对它们的运用也不受制于经验世界，所以，人的认知理性具有"先验的自由"。在生存论中，自由意味着一种特殊的生存境界或状态。如，儒家认为，圣人境界是一种从心所欲不逾矩的自由之境；而在庄禅范式里，自由既否定一切经验事物的真实性，又取消对于最终本体的认知，旨在引导人们达到了无牵挂、空幻无极的超越层面。

至于我们日常所说的"做某事的自由"，其实是政治学意义上的"自由"。洛克对这种自由做过经典的表述：自由是人的自然状态，但人们为了更好地谋求"彼此间的舒适、安全和和平的生活，以便安稳地享受他们的财产并且有更大的保障来防止共同体以外任何人的侵犯"①而不得不让渡一部分自由，以契约的方式建立政治社会，同意建立一个由政府统辖的国家；人民的同意是政府合法性的来源，一旦政府破坏人民的自由，违背了社会的契约，人民将有权收回对既有政府的服从而建立新的政府。②在自由主义传统中，自由首先是免受压制和干涉的消极自由；国家和政府只是保障个人自由最大限度不受损害的手段，而它们自身，作为对自由的一项限制，则应被降低到最小的限度。③然而，这种否定式的自由观还只是说明"我们不可以被迫做某事"，而尚未论证"我们可以做某事"。后者作为政治自由的"积极"一面，在卢梭那里得到正面阐述。虽然卢梭同样认为人类通过订立契约而进入文明社会，但他并不认为作为自然状态的自由值得留恋，因为"人类由于社会契约而丧失的，乃是他的天然的自由以及对于他所企图的和能得到的一切东西的那种无限权利；而他所获得的，乃是社会的自由以及对于他所享有的一切东西的所有权"。④"天然的自由"是对欲望的不假思索的追随，而只有"服从人们自己为自己所规定的法

---

① ［英］洛克：《政府论》（下），叶启芳等译，商务印书馆1982年版，第59页。
② ［英］洛克：《政府论》（下），第133—135页。
③ ［英］密尔：《论自由》，程崇华译，商务印书馆1982年版，第2页。
④ ［法］卢梭：《社会契约论》，何兆武译，商务印书馆1980年版，第29—30页。

律,才是自由"①。所以在卢梭这里,政府和法律并不与个人自由相对立,前者只是后者的一种外化(公意);借助这种外化,人获得在文明社会中的平等状态,从而拥有选举、言论和教育等方面的自由。无疑,政治学意义上的自由是一种"行动自由"。它更多的是考察参与公共生活的行动方式及其规范和原则,却不一定对行为者的心理进行推敲;它更多的是谈论人有没有自由的资格做某事,而不是人有没有自由的意志做某事。在政治学领域中,"人是自由的"虽然依赖于关于人性的形而上学设定,但政治学不必专门对此加以论证,因为该设定主要是为了引出现实中人的行为自由的合法性。

同样以"人是自由的"为前提,伦理学意义的"自由"却不仅要考虑人的行为及其关系,还要关注行为的意图或动机。在伦理学体系中,"人是自由的"首当其冲地意味着"人能够在意愿上自由地选择",即"人具有意志的自由"或"人的意志是自由的"。包尔生指出,意志自由有两种含义:"一是心理学意义上的意志自由;一是形而上学意义上的意志自由。前者意味着能够按照一个人自己的意志作出决定和行动(选择的自由),后者意味着意志或特殊的决定本身没有任何原因。"② 然而,如果意志没有任何原因,那么行为者本身也就不是意志的原因。在此意义上,对行为者来说,他仍然是不自由的——他没有掌控自己的意志,他无非是在采取一个并非由自己发出指令的行动。就此而言,对意志自由的理解似乎应倾向于第一种含义。

可是,说行为者"按照自己的意志作出决定和行动"并没有排除如下可能,即,行为者的意志很可能正在被他物操纵却不自知。哲学史上反对"意志自由"的一切决定论,本质上都是对上述可能的不同程度的证明。因此,一个完整的意志自由概念就不但要承认"意志是主体发出和指导行动的一种精神能力",承认"行为者的行动是由行为者的意志决定",而且,还要对"行为者的意志是否又被其他东西决定"做出明确回答。假如

---

① [法]卢梭:《社会契约论》,第30页。
② [德]包尔生:《伦理学体系》,何怀宏、廖申白译,中国社会科学出版社1988年版,第385页。

我们不得不承认行为者必定是有限的存在物，从而不得不进一步地承认，行为者的意志作为行为者的一部分无论如何都必定受到来自行为者之外的某物"决定"的话，那么，我们应该在什么意义上修订、理解并接受意志自由概念呢？

第二节　康德关于意志自由的论证

在前启蒙时代，关于意志自由的论述大致表现为两条线索，即，哲学传统与神学传统。如果说亚里士多德属于哲学传统的典型，那么奥古斯丁的论证则代表了神学传统对于意志自由的一种基本解释方式。在《尼各马可伦理学》第 3 卷中，亚里士多德指出，行为者"发动他的肢体去行动的那个始因是在他自身之中的"行为，亦即"其初因在人自身中"，"做与不做就在于人自己"的行为乃是出于意愿的行为；它们体现了人的意志自由或自我决定。① 而在《论自由意志》一书中，奥古斯丁也承认人的意志自由。因为有了自由意志，人才会滥用它，违背上帝的指令。这种"滥用"与"违背"恰恰说明，人的想法和选择可以超出上帝的意志，人的意志不会始终合乎上帝的意志。这正是人之"罪"的始源，也是人间各种罪恶的原因。② 因此，"意志自由"在基督教语境中并非一个突兀的异端，相反，它是一个必需的环节：它为"原罪论"谋求奠基，为人间的罪恶锁定来源，把人降低到一个有限的、有罪的、有待拯救的地位，从而为上帝的惩恶促善的权威地位确立依据。如果意志不是自由的，那么，人既不会因为做了善事而受赞扬，也无需因为行了恶事而遭惩罚；试图"警告我们要忘却低等之事而力求永恒之事，弃恶而从善"，也变得毫无意义。③ 此外，自由意志的存在更是为人神关系的开放性设定了一个场域：上帝赋予人意志

---

① Aristotle, *Nicomachean Ethics*, p. 965.
② ［古罗马］奥古斯丁：《独语录》，成官泯译，上海社科院出版社 1997 年版，第 193、196 页。
③ ［古罗马］奥古斯丁：《独语录》，第 158 页。

自由，是为了使其可以过一种符合神意的正当生活。① 人虽是上帝的选民，但并不是说人已被选定上天堂，而是说，人获得了一个可以上天堂的"机会"。人是朝向上帝还是背向上帝，是进入天堂还是跌入地狱，在于他自己"意志的功德"。② 基督教必须承认意志自由，才能在更大程度上使其神学体系融贯。而无论哲学传统还是神学传统，两者都是在"意志能够自我决定"（self-determined）的意义上理解"意志自由"的。

而在启蒙时代的道德哲学体系中，比如康德的伦理学，"意志自由"成为理性主义的奠基石。作为动机论的代表，康德的道德哲学十分注重"意志"在道德体系中的地位和作用。意志是行为者欲求某种对象并试图发出行为的一种心理能力。在《实践理性批判》及其道德哲学著作中，康德试图从意志之善来论证行为之善，即，道德正确的行为必然是在善良意志的支配下发出的行为。而意志之所以能够是善良的，在康德的思路中，这只能从意志本身而不能从外在于意志的经验中寻找原因。于是，意志就要首先具备自己给自己下命令的能力——这就是"自由"，即意志的自由。只有自由的意志，才能在"命令自身"和"不命令自身"之间选择前者，才有可能在"命令自身这样"和"命令自身那样"等多种选项之间为自己选择一种依据道德法则的呈现方式。在《实践理性批判》的序言中，康德就明确指出："自由的概念，一旦其实在性通过实践理性的一条无可置疑的规律而被证明了，它现在就构成了纯粹理性的、甚至思辨理性的体系的整个大厦的拱顶石……（自由）这个理念通过道德律而启示出来了。"③

道德行为之所以要在意志的"命令"或意志的"法则"的形态下发生，这同道德行为者的双重存在状态有关。在康德的哲学语境中，道德行为者是跨越在感觉世界和超验世界之间的"有限的理性存在物"。道德行为者的自我既是作为现象表象的自然自我，又是作为本体实在的自由自我，即，"使自己作为自由的主体成为本体，同时却又在自由方面使自己

---

① ［古罗马］奥古斯丁：《独语录》，第110页。
② ［古罗马］奥古斯丁：《独语录》，第103页。
③ ［德］康德：《实践理性批判》，第2页。

成为自己独特的经验性意识中的现象"。① 在这个意义上，作为人类成员的道德行为者不可能是一个完全摆脱感性因素制约的存在者，他总要以一种经验性的存在形象出现在他的现实的道德心理之中，而这种心理状态始终会跟那种在理性支配下的道德心理——即纯粹意志——存在差距。既然人并不完全是理性世界的成员，既然人的道德心理并不总是与意志的自律性相符，那么，当意志在理性的范导下提出那种可普遍化的实践话语时，这种话语就不是一个让人轻松随意就能融合接纳的描述，而是一个让人感到某种程度的紧张和冲击力的命令。② 也就是说，在道德心理的层面上，这种话语携带着源于理性的巨大能量和压力，致使行为者的意志按照理性的要求而自我塑造和定型。

意志可以也必须受到理性的支配和范导，这实际上就是在肯定理性的"实践"功能：即理性能够决定意志；纯粹理性对意志的支配和范导，就是纯粹理性之实践能力的体现。以《实践理性批判》为代表的康德伦理学著作，围绕的一个根本主题就是：通过对理性的实践性批判以及对动机的经验性反驳来解决意志的决定依据问题，即意志应当根据什么来决定。

在《实践理性批判》第1卷的开篇，康德摆出了"准则"与"法则"之别。人们常有的一个理解是："准则"是主观的、受经验因素支配并含有经验质料的行为规则，而"法则"是客观的、理性的纯粹形式的行为规则。于是给人的印象是，"准则"与"法则"一个属于现象界，一个属于本体界；一个是具有经验内容的欲望诉求，而另一个是没有经验内容的理性形式。

然而，康德的表述其实是："要这样行动：使得你的意志的准则在任何时候都能同时被看作一个普遍立法的原则。"③ 由此，至少可以推出两点结论：第一，无论"准则"还是"法则"，它们并非处于截然隔离的不同世界，因为"准则"在特定情况下可以同时成为"法则"（当然，康德所要求的是"始终同时"）。第二，无论"准则"还是"法则"，它们都是用

---

① ［德］康德：《实践理性批判》，第6页。
② ［德］康德：《道德形而上学原理》，苗力田译，上海人民出版社2002年版，第78页。
③ ［德］康德：《实践理性批判》，第39页。

于规定意志的依据,它们都是心理上的规定;在与客观实在相对的意义上,它们都是主观的。只不过,"准则"对于意志的规定是:"当在 S 类情形中时,实施 A 类行为。"① 而"法则"对于意志的规定是:"实施 A 类行为,当且仅当此类行为是可普遍的。"所以,让"准则"能够同时成为"法则"的那种特定情况是——道德行为者抛开对"S 类情形"的思虑,而仅仅考量"是否可普遍化"。因此可以说,"准则"其实存在广义和狭义之分。广义的准则囊括了"作为准则的准则"和"作为法则的准则"。前者即狭义的准则,它是将意志的依据建立在经验需求的条件上;后者即法则,它是将意志的依据建立在理性的命令上。

但必须注意的是,"要这样行动:你意志的准则始终能够同时用作普遍立法的原则"只是一条为意志立法的根据和形式。按照这种根据和形式来为意志立法,才能获得善良意志,但这种根据和形式本身不是善良意志。也就是说,这条立法形式只是用来指导意志,规定意志如何能以"善良意志"的面貌出现,而它自身不能直接指导行为——直接指导行为的,只能是意志本身,而不是规定意志的根据。同时,我们的行为也不是一个抽象的"可普遍的"行动(那只能是尚未实现出来的行动),而总是一个具体的行动。因此,直接用于指导行动的意志就必然是含有具体经验内容的意志,即,要做这事的意志或要做那事的意志。至于说这些具体的意志是被"理性"规定的,还是被"经验"规定的(即,是以"作为法则的准则"为依据,还是以"作为准则的准则"为依据),在康德伦理学中,才是行为是否具有道德性以及是否道德正确的关键。

如果要让行为具有道德性,在康德这里,就必须且只能以理性的命令作为意志的规定依据。即,我们应当按照"当且仅当是可普遍的"的理性法则的命令来范导我们的意志,而不应当按照"为了某个经验对象"的经验准则的命令来范导我们的意志。就此而言,需要排除经验内容及其影响的不是在意志本身这个层面,而是在意志的规定根据这个层面。

――――――――――

① [英] 亨利·阿利森:《康德的自由理论》,陈虎平译,辽宁教育出版社 2001 年版,第 127 页。

那么，这是不是意味着，理性是一种异于意志的东西？这涉及针对意志的深层结构的道德心理分析。我们不妨把意志区别为"理性的意志"和"经验的意志"。前者是"自己规定自己去造成这些对象……亦即规定自己的原因性的能力"，后者是"产生出与表象相符合的对象的能力"。① 换言之，经验的意志，是道德行为者受到外在于本体界（先验自我）的经验表象的吸引和支配而产生的"要去这样做"的心理导向；而理性的意志，则是道德行为者受到内在于本体界的理性框架的范导而产生的"要去这样做"的心理导向。后者是"纯粹意志"，即以理性的纯粹立法形式为根据的意志。在这种情况下，意志是在本体界寻找根据，并且它本身就是理性实现了自身实践能力的表现，因而，这种状态下的意志其实是与理性"一样的"②；要求意志能够接收到理性所发出的道德律令，实际上，也就是要求意志接收到自己所发出的命令。至于说"经验的意志"，理性对它而言显然是异己之物，起到的只是抑制的作用。

要求意志接收到自己所发出的命令，如前所述，就必须设定意志是自由的（并且只有在这种情况下，意志才实现它的自由）。只有自由的意志才有可能摆脱自然界的必然性的支配，摆脱人类生活的经验欲求的支配，而自行寻求理性的指导，遵循理性的纯粹要求，从而使自身作为一种善良意志而发出行为。所以，在存在论上，我们是从"自由"推出"理性"（即，自由是"理性道德法则的存在理由"），再由"理性"规定"意志"（即，对理性道德法则的遵守决定了我们"要这样做"）。不过，在现实中，当人们开展"我要来这样做事"的道德实践时，首先感受到的是"我要来做这件事"的心理状态，即"意志"；随后才会对"要这样做"的具体内容进行反思，或者按照康德的表述，我们随后才会追问"这样做"是否可普遍化。而当我们采取这种追问而不顾及经验因素时，我们才能断定，我们能够把意志的根据置于理性之上而不是经验之上。所以，在认识论上，与存在论恰好相反，我们是由"意志"认识到"理性"，再由"理性"认

---

① ［德］康德：《实践理性批判》，第16页。
② ［德］康德：《实践理性批判》，第74页。

识到"自由"。

康德的伦理学虽然在意志自由之外还预设了上帝存在与灵魂不朽，但后两者只是塑造行为者的道德心理的补充。三者在论述中具有不同的地位："上帝和不朽的理念并不是道德律的条件，而只是一个由道德律来规定的意志的必要实体的条件"，它们"作为一些单纯理念在思辨理性中始终没有支撑的概念，现在就与（自由）这个概念相联结，同它一起并通过它而得到了持存及客观实在性"。① 故而，在康德伦理学中，"意志自由"的意义远在"上帝存在"之上。上帝的引入只是为了保证德福相配的适当，而一个心灵自由的人才是道德哲学的基点。只有人是意志自由的，他才有可能给自己颁布命令而超越现象界的因果必然性；而只有当人能够为自己下命令，他才可能不去迷恋经验诉求，而只关注意志根据的形式，使得出于个体的准则可以同时成为适用于所有人的普遍法则。

第三节 黑格尔关于意志自由的论证

实际上，把"人"设定为"具有抑制欲望的理性能力的行为主体"，以及把"自由"定义为"人为自我立法并依此而行动"（即"自律"），这是德国古典哲学的理性主义传统的内在逻辑。这种思路不仅直接体现于康德的伦理学，也同样贯穿于黑格尔的相关论述。只不过，就后者的庞大体系而言，意志自由必须要在"绝对精神"的参照系下接受考察。作为绝对主体和绝对客体的统一，"绝对精神"不能被视为一种命运的必然性，更不能视为一种机械的因果必然性。毋宁说，它是现象之间的逻辑所蕴含的一种必然性。在黑格尔这里，对这种必然性实现自我意识和自我把握，便是"自由"。

黑格尔说："自由的东西就是意志。意志而没有自由，只是一句空话；同时，自由只有作为意志，作为主体，才是现实的。"② 自由不可能不体现

---

① ［德］康德：《实践理性批判》，第2—3页。
② ［德］黑格尔：《法哲学原理》，范扬、张企泰译，商务印书馆1961年版，第12页。

于意志，自由就是意志的自由，意志的自由是不证自明的。但是，意志要经由"抽象的自由"达到"具体的自由"则要经历扬弃的过程；而"自由的东西就是意志。意志而没有自由，只是一句空话；同时，自由只有作为意志，作为主体，才是现实的"。① 自由必然体现于意志，必然被"当作现成的意识事实而对它不能不相信"②。因此，在黑格尔这里，自由就是意志的自由，意志自由是不证自明的。但意志要由"抽象的自由"达到"具体的自由"——即从"自在的自由"达到"自为的自由"——则需经历一个扬弃的过程：第一步，意志要"从一切东西中抽象出来……消除一切特殊性和规定性"③。但是，这种摆脱一切限制并试图寻求"抽象的普遍物"的状态只是不指向任何事物的、空洞的否定，"还不是什么意志"。所以，第二步，"意志"要成为"意志"，就必须通过行为者在心理层面上对于某种规定性能动地表示出希求的倾向。也就是说，要对这种抽象的无规定性进行"单纯的否定"。在未经反思的条件下，这种"意志的特殊化"依据个别的自我来规定意志的内容和目的，表现为行为者个体的"冲动、情欲、倾向"；它被黑格尔称为"自在的自由的意志"或"自然的意志"。如果说意志在第一步是通过取消一切来确认自身，那么，它在第二步则是通过以自我为中心而确认自身，但是这仍然是限制在单独的行为者意志之内而没有顾及其他，并且，它在具体内容上仍然被经验要素所限定，所以，它只是等同于康德意义上的"任意"或"选择意志"而非真正的"意志自由"。行为者的心灵不自由恰好就表现在这种"任意"之中。④

黑格尔说："只有在意志把自身当作对象时，它才使自在的东西成为自为的东西。"⑤ 这就是说，只有当道德行为者的意志能够反思自身，只有当道德行为者能够对自己的行为动机和行动状态反躬自问，对自身的道德心理结构和内容做出反省与批判时，他们的意志才是真正自由的。因为这

---

① ［德］黑格尔：《法哲学原理》，第12页。
② ［德］黑格尔：《法哲学原理》，第11页。
③ ［德］黑格尔：《法哲学原理》，第15页。
④ ［德］黑格尔：《法哲学原理》，第27页。
⑤ ［德］黑格尔：《法哲学原理》，第21页。

种反思能使我们首先且至少在心灵上超越于个体的特殊性,让"自我在规定自己的同时仍然守在自己身边,而且它并不停止坚持其为普遍物"①,从而完成"抽象的普遍性"和"个别的特殊性"的统一,达到"具体的普遍性"。这种具体的普遍性意味着自我的心灵在进行个别的规定的同时,也能成为一种普遍的规定。而这种普遍的规定,作为"自在自为的存在",由于来自意志本身而"不是一个他物也不是界限,相反的,这种意志只是在其对象中返回到自身而已"②。所以,意志在这种由自我规定而衍生出的普遍性中获得了真正的自由。

在这里,我们显然发现,黑格尔所主张的在"真实的意志"中获得的"具体的自由",实质上就是康德让意志的准则同时成为普遍的法则时所呈现的那种自由。在黑格尔的辩证法里,康德的论述俨然已成为其中的一个环节(合题),历经前述的扬弃而被最终达到。在这个意义上,黑格尔关于意志、理性与自由关系的道德心理观点,可以被视为康德的观点的一种完善和发展。黑格尔将康德的道德心理学纳入自己的辩证法体系中予以重述和再论证。无论是对于康德还是对于黑格尔来说,"意志自由"本质上是同一种"理性的自由"。意志只有在心理层面上免于经验欲望的吸引,而将自身建立在理性基础上,才能够在其积极意义上体现为"自律"而不是"任意"。因此,对于道德心理的方向及其相应的行为选择,康德以及理性主义的伦理学传统会明确地要求人们"这样去选择",而不仅仅是"怎样去选择"那么简单。

在启蒙时代的理性主义传统中,意志只有免于经验的情感欲望而将自身建立在理性基础上,才能体现为"自由"而不是"任意"。所以,康德与黑格尔的"意志自由"本质上是"理性的自由"。这种"意志自由"的关键不在于我们能够出于自己的意志而选择行动(意志自决),而在于当意志进行选择时,它自觉地给予自身以特定的理性指引(意志自律)。

---

① [德] 黑格尔:《法哲学原理》,第19页。
② [德] 黑格尔:《法哲学原理》,第31页。

随着后启蒙时代的来临以及理性主义话语遭到批判，作为意志自律的意志自由概念逐渐不再获得广泛的接受。能够通过理性而达致全人类层面的自我概念被放弃了，但是，作为个体性的自我概念却仍然被保留下来。基于这种自我概念的行为者无须承诺任何理性的本质，也无须承诺理性的优先性或先验性。"意志自由"以一种更加世俗性的方式而重新回到"意志自决"的意义上来。从这个意义上讲，意志自决是一个更宽的概念，它包含着意志自律。

在《存在主义是一种人道主义》中，萨特（Jean-Paul Sartre）曾指出："人永远不能参照一个已知的或特定的人性来解释自己的行动，换言之，决定论是没有的。人是自由的。人就是自由的。"① 存在主义相信，意志作为"能确立为规定自己存在并只从属于自身的自生性"的东西而"完全是自由的"。② 人的本质就在于意志自由的选择，而"选择什么"和"怎样选择"则并不承诺理性的标准，启蒙思想家有关"人是理性的"预设缺乏说服力。存在主义只是后启蒙哲学的诸多类型之一，但它却典型地反映出后启蒙时代对于意志自由的特定理解，即，意志完全是"我的"意志，它既不必然听命于理性，也没有承诺要服从于上帝。毋宁说，意志的自由恰恰就体现在它对于这些可能成为意志依据的东西所具有的绝对优先性。存在主义的意志自由固然给"任意"留下空间，但从肯定的意义上讲，这样的概念恰好是一个更纯粹的意志自由概念，因为它将意志及其行动方案的动力源泉完全归因于内在的自我。尽管这个自我常常被批评为抽象的或无所依傍的，但它毕竟是可以自决的能动主体，而不像前启蒙时代的行为者那样只是一种受制于上帝的次等存在物，所以同样具有"意志自决"的意义。但是，后启蒙时代的"意志自由"却因经过启蒙时代的洗礼而表现出不一样的内涵。

---

① [法]萨特：《存在主义是一种人道主义》，周煦良、汤永宽译，上海译文出版社1988年版，第12页。
② [法]萨特：《存在与虚无》，陈宣良等译，三联书店1997年版，第551—552页。

第四节　决定论的类型及其挑战

无论对意志自由予以怎样的论证，都是为了证明人可以对自己的意志进行不受他物控制的自我决定（意志自决）从而抗衡决定论的威胁。后者所描绘并维护的是一个具有普遍必然的因果性的世界。其中，"每一结果、后果、事件、事变、事情……都有一个或多个原因"，"不存在没有原因的事件"。① 因此，人的行动受到意志的决定，而意志本身又进一步地受到某种他物的决定。对这个"某物"的不同解释，构成了决定论的不同形态——"宿命论""神定论""物理决定论""生理决定论""心理决定论""社会/文化决定论"等。

在宿命论看来，人的意志早被命运锁定：行为者自以为是在按照自己的意志行动，实际上他没有意识到命运轨迹的预先安排；即使行为者有所意识，要想避免命运的必然性也是不可能的。俄狄浦斯的传说就是宿命论的典型表达。类似的情形也体现在"神定论"中。"上帝"或"老天爷"都是冥冥之中决定人的意志的确定性力量。不过，"神定论"和"宿命论"作为决定论的古代形态，在现代社会不能得到广泛接受，它们虽然在民间话语中仍有自己的位置，但在精英文化或理论层面已丧失合法性。在决定论的现代形态中，它们已被各式各样其他的"不能为行为者掌控的东西"替代。

对物理决定论者而言，世间万物处于自然规律之中，因此，包括意志在内的"心理世界的现象也是按照支配它的自然法则产生的，具有物理世界现象同样的必然性"②。我们自认为自由的意志不过是因果链条的某个前序环节的决定结果。如果这种前序环节是行为者的基因、血缘等生理因素的话，那么物理决定论就更具体地表现为生理决定论这一特殊形态。但无论如何，在物理决定论这里，自然规律是统治现象的唯一规律。而心理决定论则认为，人的意志在本质上受到深层次意识环节的操纵，因此，我们

---

① ［美］蒂洛：《哲学：理论与实践》，古平等译，中国人民大学出版社1989年版，第157页。
② ［德］包尔生：《伦理学体系》，第388页。

所能够意识到的那些派生具体行为的意志实际是"潜意识"的结果。与上述理论相比,"社会/文化决定论"由于不强调每个具体行为与其原因之间存在严格的对应,因而显得较宽松。尽管如此,这种更具人文色彩的决定论在坚持"意志必定受他物决定"这一根本方向上依然毫不含糊:我们所赖以生存的社会文化共同体从一开始,在我们的自我意识和自觉的行为意志尚未明确时,就通过长期承袭的文化结构和社会力量而塑造我们的基本世界观、价值观与思维方式,并通过社会生活的诱导、训诫等方式使之沉淀为我们的心理结构和行为惯性。因此,虽然某一具体行为的意志不一定能够找到精确的决定因素,但无论如何,它依然是超出个体控制之外而又处于社会文化结构之中的某种东西。

由于意志总会受到自己无法控制的某种"他物"的决定,因此,意志不是完全自由的(弱决定论),甚至根本就不是自由的(强决定论)。行为者的意志要么只是从"他物"到"行动"这一必然的因果进程之中的一个不太重要的过渡环节,要么根本就是不存在的想象之物。所以,尽管决定论会同时承认人的行动受到意志的决定,而意志本身又进一步地受到他物的决定,但是,在"他物决定意志"和"意志决定行动"之间,决定论更倾向于肯定前者而忽略后者,亦即,在导致行动的原因中,决定论对外在于意志的那个"他物"的强调会远甚于对意志本身的强调。如果决定论走向强硬,则会体现为一种极端的形态,亦即,完全取消"意志"环节,认为所谓"意志"或"意志自由"完全不是事实而是幻觉。

面对决定论的质疑,如果仅仅重复启蒙哲学的理性主义传统而把"意志自由"依旧定义为"我们有依照自己意志行动的自由",仍然没有正面回答"自己的意志又是由什么来决定的"这一问题。即便把"意志自由"定义为"意志自己决定自己",也仍过于抽象和武断而显得语焉不详;况且,这种界定也没有排除决定论所提出的上述可能,即,我们也许只是"自以为"意志是在自我决定,而"实际上"意志是在被他物决定。[①] 而

[①] [美]洛伊·韦瑟福德:《决定论及其道德含义》,段素革译,见徐向东编:《自由意志与道德责任》,江苏人民出版社2006年版,第24页。

假如我们退一步，认为意志自由意味着"行为者在做或不做某事之间，或做此事与做彼事之间有选择的自由"——亦即，认为尽管人总受制于一定条件，但可以在一定条件下考虑多种"可供选择"的应对策略，从而（在约束条件改变或取消的情况下）有可能做出与这一次行为相反的行为——也同样存在理论局限。因为，首先，我们还是难以证明，在选择过程中行为者的意志丝毫没有受到外在于行为者的"他物"的影响；其次，借助柏格森（Henri Bergson）的说法，在时间的绵延中，我们自认为我们面对着两个或多个选择的情境，这也许只是通过后来的回顾而得到的一种象征性说法："如果自我在到达 O 点时已经选择了一条路，则另外一条路虽然仍可通行也无用处，自我无法走这另一条路。我们的潦草象征图形原来只拟表示所做的动作之偶然性；由于一种自然而然的引申，它竟证明了这动作的必然性。"① 也就是说，那条另外一种"可供选择"的路或许只是我们在事后的虚设，我们毕竟没有选择它而只是想象到它。而这恰好说明，我们"没有选择它"才是一个必然的事件。

第五节 作为意志自决之反身性的意志自由

哲学史上对于意志自由与决定论之间关系的处理表现为不相容论与相容论两种基本类型。前者认为，如果意志自由是真的，那么决定论就不能成立，反之，如果决定论是真的，那么意志就不可能自由。但不相容论的问题在于，它更多的是在分析自由意志存在的条件，而没有对"自由意志是否存在"进行表态。如果它认为决定论是真的从而反对自由意志，那么不相容论实质上就等同于决定论；如果它支持自由意志的存在，那么，它就必须首先证明这个世界不是按照决定论的方式运行，其次必须证明意志在任何意义上都不是被决定的。然而，在"任何意义上都不是被决定"意味着"没有任何原因"。如前所述，如果意志没有任何原因，那么它在行为者自己这里也不能找到原因。而这样的意志不是一个"自决"的意志，

---

① ［法］柏格森：《时间与自由意志》，吴士栋译，商务印书馆 1989 年版，第 122 页。

也谈不上是一个"自由"的意志。① 自由的意志必须首先是能够自决(进而能够自律)的意志,意志自决是意志自由的必要条件。

既然不相容论不能融贯地解释意志自由,那么我们就不得不继续尝试在一个广义的相容论框架中来理解它。同时,既然意志自决是意志自由的必要条件,那么,现在的问题是,我们如何在同时承认意志总在某种程度上被决定以及意志可以自我决定的双重前提下理解意志自由?

一方面,我们需要重新解释"决定"概念。就像我们不能说"意志决定行动"这一"心灵到物质"的过程是纯粹的因果联系一样,我们同样不能将"他物决定意志"这一"物质到心灵"的过程简单地解释为一个犹如 A 球撞击 B 球那样的物理关系。对于每个行动的具体意志,要想精确发现直接派生它的经验因素是不可能的,也是不必要的。所以"物理决定论""生理决定论"甚至包括"心理决定论"在内的解释常常会因为过于强调"决定"概念的直接性、断然性和必然性而显得牵强。当然,不可否认的是,我们的意志的确是社会文化结构的产物。在形成独立的自我意识和自觉的行动意志之前,我们处于被动的文化接受状态;当我们能够开始自觉运用价值判断并形成某种行动意志之时,我们已经具备了某种特定的结构作为意志的背景。所以,即使说"意志是被决定的",也只能在一种较为宽泛而非精确的意义上来说。试图找出具体事物充当一个意志的决定性因素,无非是一种机械论的简单性偏好在伦理学上的反映。

社会文化结构仅仅是行为者的活动与思维的背景,而行为者的意志仍有足够的展现自我能动性的空间。意志自由否认的是狭隘的机械论的线性因果关系,而不是对意志产生具有一定(甚至很大)影响力与塑造力的社会文化的结构性因素。即使承认这样的"他物"是决定意志的原因,意志自由论也仍然与决定论不同——在"他物决定意志"和"意志决定行动"的关系之间,意志自由论更倾向于肯定后者而弱化前者,亦即,在导致行动的原因中,意志自由论对于"他物"的决定作用的强调要弱于对于意志

---

① 徐向东:《人类自由问题》,见徐向东编:《自由意志与道德责任》,江苏人民出版社 2006 年版,第 9 页。

自我决定的强调。也许意志自由论无法从经验上完全消解"他物"的决定作用，但它足以改变问题的视角与重心。

另一方面，既然我们无法否定社会文化结构对于意志的决定作用，那么，试图论证一种纯粹的"行为者根据自己意志而行动"或"意志自我决定"的意志自由便是不恰当的。意志究竟是自我决定的还是他物决定的，除非诉诸武断的先验论，否则在经验上难以言清。然而问题的关键在于，我们其实无须从"意志自决"角度来界定"意志自由"，也就是说，我们无须纠结于意志是否会因为"被他物决定"而不是"被自己决定"从而丧失了自由。因为，无论行为者的意志在既定条件下如何"被决定"，行为者至少总可以在心理上对该意志进行再度评判、调控或修正，并提供关于意志诉求的其他可能。恰恰是在我们具有一个意识到行为意志的意识，并且具有一个对行为意志进行评价、促进或抑制的高阶意志时，我们才是意志自由的。诚然，社会文化结构制约着甚至决定着行为者的意志，行为者的意志做出行动的抉择，但无论如何，行为者总能够对自己的意志——即，对"我要做某事"及其根据——再次进行评价、盘算并予以相应的促进或阻止。在这个意义上，"意志自由"是对意志自决的反思和反作用，亦即，意志自决的反身性。它并不排除社会文化结构的影响甚至决定意义，但它要求行为者在行动过程中有清醒的自我意识，体验到行动"意志"的自我性。虽然我们是在社会文化结构中展开我们的意志，但这种整体性背景必定要化归到一个具有明确边界的"自我"这里才能发生作用。"自我"就像一个枢纽，外界环境并不能直接促生行为，而只能以"我"的意志为中介。行为者对"自我"的觉知，恰恰意味着摆脱了思维的单向性而开始了反身性的思考和判断。这样的反身性由于完全是在精神层面展开的，因而不受制于物理的因果决定关系。

作为意志自决之反身性的"意志自由"当然蕴含着"意志自决"。但是，这里的意志自由已不再等同于启蒙的理性主义哲学所规定的意志自由。因为如前所述，我们并不能证明意志完全是自我决定的，甚至在一定程度上，我们不得不承认意志是由他物决定的。作为意志自决的意志自由是对意志自由的一种要求较高的强解释。而如果我们不再纠缠"意志是否自我决定",而是着重考虑"意志是否自我反思",那么,意志是完全自我决定还是永远受制于他物,都不影响意志在精神层面的自由运行。相反,如果意志丧失了自我反思和反作用的功能,那么即便意志是自决的甚至是自律的,也无法体现出自由的根本含义。因为像这样缺乏反身性的"自决的或自律的意志"只不过是"固执"而已。自决的意志是对非人的外在力量的反思与调整,自律的意志是对人的情感欲求的反思与调整,而对这种自决乃至自律的意志的再反思和再调整,才真正地体现出意志的自由。

第四章　作为纯粹内在品质的美德

　　关于理由、原因、动机、意图和意志等道德心理基本概念的研究，对伦理学来说是基础性的。也就是说，所有的伦理学类型都会涉及这方面的讨论并提出各自的理解。而更加注重行为者心理状况的美德伦理学自然更不例外。但是，道德心理方面的问题不仅仅是其中某一部分的问题，美德伦理学的最基本的概念——"美德"概念——本身就常常被解释为人的某种内在品质，亦即，它常常是在心理现象的层面上得到解释。

　　在当代美德伦理学界，迈克尔·斯洛特就是这样一位特别强调美德之心理属性的重要思想者。近30年间，许多人都是通过斯洛特的作品而了解美德伦理学的一般特征，即，美德伦理学优先考虑"善""卓越"等美德论概念，而不是"应当""正确""错误"和"义务"等义务论概念；美德伦理学更注重对行为者及其（内在）动机和品质特征的评价，而不是对行为和选择的评价。① 而且，他通过将美德彻底奠基于"内在品质"的意义上而试图建构一种不同于亚里士多德主义的美德伦理框架。在他看来，"后维多利亚时代甚或后基督教时代的美德伦理学，不可能简单地回到亚里士多德。因为他的世界与我们的世界大相径庭。我们更需要做的，是把我们从亚里士多德那里学到的东西，用来创造一种独具现代形式的美德伦

---

① Michael Slote, *From Morality to Virtue* (New York: Oxford University Press, 1992), p. 89.

理学"①。这种伦理学将会极致地突出美德概念的心理学特征。

第一节 美德理论与常识美德伦理学

当代美德伦理学的发展，在很大程度上是对亚里士多德伦理学的呼应与提倡。许多重要的美德伦理学者，如菲利帕·福特、罗萨琳德·赫斯特豪斯等都被认为是亚里士多德主义的代表。他们的共同看法是：伦理学不是一门用于道德立法的理论，主要任务不在于建立所谓的普遍规则，也不在于确立由规则带来的道德义务。尽管以康德主义和功利主义为典范的现代规则伦理学言之凿凿，可它们却相互冲突，导致现代社会对道德哲学的集体不信任。② 因而美德伦理学认为，与其费力不讨好地把道德当作律法并塑造某种理论，不如回到伦理生活本身，关注行为者的内心健康及其人生成长历程。从而，伦理学也就应当像亚里士多德的学说那样，被理解为一种考虑优秀的内在品质、明智的实践推理以求实现幸福生活的思想。出于对规则伦理学"理论化"倾向的反感，伯纳德·威廉姆斯甚至认为，美德伦理学不但无须制造规则条文，而且不必把自己塑造成为某种"理论"（anti-theory）。③

虽然斯洛特在论及"关怀"（care）时也表达过类似观点，但他在这一点上显然没有威廉姆斯那么激烈。④ 斯洛特觉得，尽管威廉姆斯指出了规则伦理学的一个重要缺陷，但却忽略了不诉诸"理论"所可能导致的问题：即，道德常识或道德直觉等"非理论"要素本身是驳杂、冲突甚至充满悖论的，因此需要"理论"处理和修缮它们。毕竟，谋求思想的一致性和融贯性才是哲学思考的内在诉求。所以，"虽然一种贬低直觉性伦理观念和现象的理论遭到反对，但是，只要我们打算获得某种不受悖论所困的

---

① Michael Slote, "Reply to Commentators", *Philosophy and Phenomenological Research*, Vol. 54, No. 3, p. 719.
② 李义天：《麦金太尔何以断言启蒙筹划是失败的?》。
③ Bernard Williams, *Ethics and the Limits of Philosophy*, pp. 116 – 117.
④ Michael Slote, *Morals From Motives* (New York: Oxford University Press, 2001), p. 90.

理解，我们就真的需要在伦理学中确立某种理论，并且必须抛弃某些直觉。"① 在此意义上，斯洛特指出，建设当代美德伦理学的关键不在于"我们在伦理学中是否需要理论"，而在于"我们需要采取怎样的理论"。②

20世纪80年代及90年代早期，如何通过扬弃道德直觉而完成上述理论任务，正是斯洛特的思考焦点。在那段时期的作品中，如《善与美德》(Goods and Virtues，尤其是1989年第2版序言)、《常识道德与后果论》(Common-sense Morality and Consequentialism，1985)以及《从道德到美德》(From Morality to Virtue，1992)，斯洛特的主要目的就是为了揭示康德主义、后果论以及被他称作"常识道德"(common-sense morality)的伦理观念的局限性，确立一种能够准确反映道德直觉的常识美德伦理学(common-sense virtue ethics)。

根据这条思路，斯洛特指出，康德主义、功利主义以及常识道德都存在严重问题，即，它们没有同等地对待"关注自我"和"关注他人"的重要性，因此都具有"利人不利己"的不对称倾向(asymmetry)。这些道德学说宣称，关注他人才是正确的，而关注自我则不值得肯定；相应的，没有善待他人是错误的，但没有善待自己却不是错误。尤其在康德主义和常识道德中，道德义务的内容只是关怀和善待他人，而与行为者自己的伦理价值无关。③ 诚然，人们惯常的道德观念并不倡导利己主义，但是，与上述"利人不利己"的状况相比，人们所希望的个人行为和社会制度的最佳方案其实是兼顾和实现每个人的利益，亦即"自我与他人的对称性"(self-other symmetry)。在这个问题上，斯洛特认为美德伦理学更加胜任。因为"被我们的日常思维看作是令人钦佩的并且认作美德的，正是自我与他人的对称性。……(一方面)我们钦佩足智多谋、聪明睿智和审慎细心，即便这些美德主要是对拥有者自己而不是对别人有好处。不过(另一方面)，我们当然也会钦佩有利于他人的品质，比如友善、仁慈和诚实，

---

① Michael Slote, Marcia Baron, Philip Pettit, *Three Methods of Ethics: A Debate* (Malden, Mass.: Blackwell, 1997), p. 183.
② Michael Slote, *Morals from Motives*, p. 11.
③ Michael Slote, *From Morality to Virtue*, p. 5.

它们在我们的日常思维里也属于美德"①。可见，如果"美德"是一个合理揭示日常道德思维的概念，那么"美德伦理学"当然也就是一种反映真实诉求、坦率提出"在利人与利己之间实现对称性"这一道德要求的伦理学方案。

尽管斯洛特的近年作品主要给人留下一种与亚里士多德存在显著区别的印象，但值得注意的是，他的常识美德伦理学仍可被理解为一种"新亚里士多德主义"。斯洛特甚至明确使用过"新亚里士多德主义的常识美德伦理学"（neo-Aristotelian common-sense virtue ethics）这种说法。该思路与亚里士多德主义的衔接关系至少存在两点：第一，两者都表达了对日常道德思维的尊重。斯洛特意识到，亚氏美德伦理学之所以成立，是因为它建立在古代人的某些直觉观念（比如，关于中道/适度的观念）的基础上，所以斯洛特希望，"如果我们谋求一种美德理论能合乎我们时代的直觉，正如亚里士多德为他的理论所谋求的那样，那我们最好诉诸我们的日常思维和直觉"②。唯有如此，才能有效反击康德主义和常识道德对于"关怀自己"的贬低，以及功利主义和后果论对于行为者个体价值的漠视。第二，两者都从"日常性"中提炼出"对称性"的道德要求。这一点正是斯洛特引以为豪之处，他说："我们现在讨论的这种伦理学，与其他的伦理学思路相比，不仅使我们更加关注那些关注自我的美德，而且将关注自我和关注他人两种现象紧密地结合起来，使之显得更相似，更像一个整体。在这方面，功利主义、康德主义和常识性道德都比不上它。"③ 同时，"对称性"也属于亚氏美德伦理的基本特点之一，即，道德行为者展示各种美德，既意味着正确地对待他人和城邦，又意味着该行为者成就自我的卓越性。故而斯洛特断言："亚里士多德的伦理学，既强调根据利己的美德行动，又强调根据利他的美德行动，因而要比我所能想到的历史上的其他观点更加接近这一理念。"④ 可见，在道德要求的内容方面，常识美德伦理与亚氏美

---

① Michael Slote, Marcia Baron, Philip Pettit, *Three Methods of Ethics: A Debate*, p. 186.
② Michael Slote, Marcia Baron, Philip Pettit, *Three Methods of Ethics: A Debate*, pp. 184–185.
③ Michael Slote, *From Morality to Virtue*, p. 138.
④ Michael Slote, Marcia Baron, Philip Pettit, *Three Methods of Ethics: A Debate*, p. 195.

德伦理具有相似性。在这个意义上，斯洛特把该思路看作当代美德伦理学中的一种新亚里士多德主义。

第二节 基于行为者的美德伦理学

不过，斯洛特很早（1992年）就意识到，亚里士多德主义的美德伦理学尽管可以容纳"自我与他人的对称性"，但无法保证这一道德要求可以从行为者的内在品质中推导出来。同时，斯洛特也注意到，伦理学史上其实还存在另外的思路，能比亚氏美德伦理更加彻底地揭示美德作为行为者内在品质和动机的核心意义和重大功能。① 在1995年发表论文《基于行为者的美德伦理学》（"Agent-based Virtue Ethics"）时，斯洛特正式通过文章标题为这种激进版本的美德伦理学予以命名。

斯洛特指出，亚里士多德主义确实体现了美德伦理学的一般特征，即，理论聚焦之处不是行为规则，而是有美德的个人及其内在品质。亚里士多德主义的确注重行为者的品质和动机，把"行为者"放在理论焦点上，因此是一种以行为者为焦点的美德伦理学（agent-focused virtue ethics）。但是，亚氏理论"关于品质和动机的评价，却建立在有关人类福祉或繁荣的伦理事实的基础上，而没有把这种评价看作是根基性的、无须更深伦理基石的东西"②。也就是说，在亚里士多德主义中，作为"美德"的品质和动机之所以是善的，并非本身缘故，而是因为它们有助于实现行为者的幸福；至于那些有美德的行为者之所以是善的，也是因为他们能以"幸福"为大前提进行实践推理，并能发现具体情境的适度之处而做出正确的选择。对此，斯洛特指出，在亚里士多德那里，

有美德的个体被描述为这样一个人，即，他能够看出或识别出，在一定情况下什么是好的、正确的或恰当的事情。而这种说法清楚地

---

① Michael Slote, *From Morality to Virtue*, pp. 90–92.
② Michael Slote, Marcia Baron, Philip Pettit, *Three Methods of Ethics: A Debate*, p. 207.

表明，有美德的人做出光荣的或有美德的行为，乃是因为这件事是光荣的，而不是因为有美德的人选择了做这件事才使之获得了光荣的状态。因此，对亚里士多德而言……行为的伦理状态并不是完全从品质特征、动机或个人这里引申出来的。①

这样，亚里士多德主义就将"正确"的标准置于行为者之外，将行为的评价尺度绕过"美德"而挂靠于"幸福"。但是，"幸福"是关于生存状态而不是关于内在品质的概念，因此，行为的最终标准成为了品质之外的某种东西。不仅如此，就连品质本身也需通过"是否有助于实现行为者的个人幸福"这一后果论命题来说明。因此，亚里士多德主义的美德伦理学就很难摆脱"后果论"和"伦理利己主义"的指责。②

为了实现一种更纯粹的美德伦理学，斯洛特试图完全从内在品质出发，以行为者作为基础来建构理论。在他眼里，"基于行为者的美德伦理学，就是把道德行动或伦理行动的状态当作完全从独立而根基性的动机、品质特征或个体的美德品质中推衍出来的东西。像这种基于行为者的思路，至少在关于亚里士多德主义的标准解释中是找不到的"，它"明确地代表了一种极致或激进的美德伦理学类型"。③ 此后，斯洛特在1997年与马西亚·拜容（Marcia Baron）、菲利普·佩蒂特（Philip Pettit）等人合著的《三种伦理学方法：一场辩论》(*Three Methods of Ethics: A Debate*) 以及2001年出版的《源自动机的道德》(*Morals from Motives*) 等作品中，日益强调这种美德伦理学的内涵及其合理性。

根据这条思路，正确的行为既不是由于行为者依赖外在规则，也不是由于行为者顾及令人满意的结果，更不是由于行为者发现了当前情境的适度之处，而是因为它源自行为者的恰当动机和优秀品质。更具激进意味的是，这些品质之所以"优秀"并配称"美德"，也不是因为它们

---

① Michael Slote, *From Morality to Virtue*, p. 89.
② Michael Slote, Marcia Baron, Philip Pettit, *Three Methods of Ethics: A Debate*, pp. 207-209.
③ Michael Slote, "Agent-based Virtue Ethics", in Stephen Darwall ed., *Virtue Ethics*, pp. 203-204.

像亚里士多德主义所认为的有助于实现幸福的人生目的,或者像康德主义所想象的那样能够实施道德立法,而是因为它们本身就合乎直觉地令人钦佩(admirable)——

如果有理论声称,某些总体动机本身在直觉上就是道德善的、值得赞赏的,而与其结果无关,也无须将其建立在特定的规则或原则上,那么,它对动机的强调便是根基性的。每种伦理理论都必须有个出发点,而基于行为者的道德理论则想说,对他人给予仁慈或关怀的道德之善,在直觉上就是如此显见,而无须更进一步的道德基础。①

就此而言,基于行为者的美德伦理学的最大特征,不在于它根据动机和品质去评价行为的正确性(伦理学中的任何"动机论"都是这样的),而是在于它把动机和品质视作"根基性的、无须更深伦理基石的东西"。②斯洛特明确指出,"基于行为者的观点不讨论'什么构成人的幸福或福祉'这类问题,而将有关内在品质的美德之善确立为根基"③。因此,如果说亚里士多德主义美德伦理学是通过"幸福"来论证"利人又利己"的必要性,那么,基于行为者的美德伦理学考虑的则是,如何从行为者的内在品质中推导出"利人又利己"的对称性要求。而根据内在品质的不同,斯洛特又将基于行为者的美德伦理学划分为三种类型:作为内在力量的道德(morality as inner strength)、作为普遍仁慈的道德(morality as universal benevolence)以及作为关怀的道德(morality as caring)。这三种动机或品质都无须引入"幸福""功利"或"规则"等概念便能自我确证为善,并促使行为者采取正确的行为。④ 它们代表了斯洛特的美德伦理学对于上述问题的三种回答。

---

① Michael Slote, *Morals from Motives*, p. 18.
② Michael Slote, Marcia Baron, Philip Pettit, *Three Methods of Ethics: A Debate*, p. 207.
③ Michael Slote, Marcia Baron, Philip Pettit, *Three Methods of Ethics: A Debate*, pp. 209-210.
④ Michael Slote, Marcia Baron, Philip Pettit, *Three Methods of Ethics: A Debate*, pp. 216-228; Michael Slote, *Morals from Motives*, pp. 19-37.

其中,"内在力量"是对健康灵魂或强壮心灵的描述。斯洛特以尼采思想为例,表明一个拥有内在力量的行为者能够通过高贵的心灵力量而利他。因为这种力量使之具有"向外"展现自我的能力和倾向。于是,利他行为也就成为该行为者实现自我的证明,从而兼顾了对于自我与他人的双重关注。① 但斯洛特也注意到,从内在力量推出利他行为,主要不是出于对他人的体贴、同情和将心比心等温暖的(warm)心理动机,而是出于那种自我依靠的意志力。后者尽管高贵,却略显冷峻(cool)。在这个意义上,斯洛特把作为内在力量的道德称作基于行为者的美德伦理学的"冷观点",而把作为普遍仁慈的道德和作为关怀的道德称作"热观点"。因为"仁慈"与"关怀"两种品质都十足意味着行为者替他人着想、为他人付出,因而,以此作为动机,将首要地表现为令人温暖的利他主义。与此同时,出于仁慈或关怀而行动的行为者,也能够通过利他的举动而增进自己所关心的伦理价值。② 所以,作为普遍仁慈的道德和作为关怀的道德同样有助于实现自我与他人之间的对称。

第三节 从道德情感主义到道德心理学

基于行为者的美德伦理学对品质和动机的强调,代表着斯洛特对人类心理因素的重视。同时,该伦理学认为单凭品质和动机便能成功处理道德问题,又意味着斯洛特对其背后的心理机制有充分的认可。因此,除非知道斯洛特对于道德心理的基本预设,否则我们无法理解,为什么基于行为者的美德伦理学敢如此激进地拒绝引入其他的伦理因素(如,道德规则、功利后果或幸福生活)作为基础。事实上,这也是斯洛特近年来针对评论者的批评而正在进行的一项工作。在 2007 年出版的著作《关怀伦理学与移情》及其相关论文中,斯洛特认真地探讨了这一问题,即,如何通过对道德心理机制的合理说明,为内在品质和动机的道德有效性予以辩护。具体而

---

① Michael Slote, *Morals from Motives*, p. 22.
② Michael Slote, Marcia Baron, Philip Pettit, *Three Methods of Ethics: A Debate*, p. 227.

言，斯洛特是通过三方面的工作来完成该任务的：（1）诉诸18世纪的道德情感主义（moral sentimentalism）的资源；（2）汲取现代道德心理学（moral psychology）的成果；（3）采纳女性主义关怀伦理学（ethics of care）的观点。①

如前所述，早在1992年出版《从道德到美德》时，斯洛特就注意到，伦理学史上还存在将理论框架奠基于行为者心理的思路，其中尤以休谟为代表的18世纪道德情感主义为典型。休谟（有时也涉及哈奇逊、沙夫茨伯利）等近代情感主义伦理学家给予斯洛特的启发在于：

第一，他们同样将道德现象（言行举止、风俗规范）的发源地归于人的情感或心理要素。他们都认为，一个现象的道德地位乃是由这些情感性的心理因素决定的；前者在道德上是否正确或高尚，要看它是否受到后者的支配并反映了后者的诉求。而更为接近的是，比如哈奇逊和休谟，都直接把"仁慈"列为最核心的情感之一（在沙夫茨伯利那里，这种心理因素被称作"公众情感或天然情感"）。他们与斯洛特同样讨论了行为者因仁慈而利他的道德机制。

第二，他们尤其是休谟同样把"自我与他人之间的对称性"当作美德品质的一个关键判据。在《道德原则研究》中，休谟清楚地写道："个人价值完全在于拥有一些对自己或他人有用的或令自己或他人愉悦的心理品质。"②"心灵的每一种对自己或他人有用的或令自己或他人愉快的品质都传达给旁观者一种快乐，引起他敬重，并被冠以美德或价值的美名。"③ 这些断言不仅反映出休谟倡导世俗生活的主张，而且反映出他对美德的功能的理解：即，美德既意味着"利己"，也意味着"利他"。

---

① 不可否认，斯洛特对女性主义关怀伦理学的观点予以了足够的重视。他自己也承认：直到关怀伦理学在20世纪80年代出现，道德情感主义才真正复兴。（Michael Slote, "Moral Sentimentalism and Moral Psychology", in David Copp ed., *The Oxford Handbook of Ethical Theory*, Oxford University Press, 2005, p.224.）并且，关怀伦理学也倡导利己与利他的平衡。（Michael Slote, Marcia Baron, Philip Pettit, *Three Methods of Ethics: A Debate*, p.195.）但限于篇幅和主旨，对关怀伦理学的讨论在此略去。

② ［英］休谟:《道德原则研究》，曾晓平译，商务印书馆2001年版，第121页。

③ ［英］休谟:《道德原则研究》，第129页。

第三，18世纪的道德情感主义者同样认为，基于行为者心理因素的道德理论具有普遍性。比如，在哈奇逊那里，行为者的动机根据受益面的不同而被划分为从低到高若干层次，其中最高尚的动机正是斯洛特所提到的"普遍的仁慈"；根据该动机而行动，能在最普遍的范围内实现美好的道德生活局面。又如在休谟的道德理论中，作为道德发源地和评价尺度的道德情感，其实不是普通意义上的情感，而是被规定为一种可普遍化的、基于人类"共通感"心理机制的特殊情感。他说："道德这一概念蕴含着某种为全人类所共通的情感，这种情感将同一个对象推荐给一般的赞许，使人人或大多数人都赞同关于它的同一个意见或决定。这一概念还蕴含着某种情感，这种情感是如此普遍如此具有综括力，以至于可以扩展至全人类，使甚至最遥远的人们的行动和举止按照它们是否符合那条既定的正当规则而成为赞美或责难的对象。"① 因此，"当一个人称另一个人为其'敌人'、'竞争者'、'对头'、'对手'时，他被理解为在讲自爱的语言，在表达他自己所特有的、发源于他自己的特定环境和境况的情感。但是当他赋予任何一个人以'邪恶的'或'可恶的'或'堕落的'这些辞藻时，他那时就在讲另外一种语言，在表达他期望所有听众都将有之而与他发生共鸣的情感。因此，他在此必须撇开私人的特定的境况，选择一个他与他人相共通的观点；他必须打动人类结构中的某种普遍的原则，拨动一根全人类都与之谐和发声的琴弦"。② 只要看看所谓的"共通感"和斯洛特经常强调的"常识"其实是同一术语（common sense），并且考虑到两者在具体内涵上其实存在互释关系，我们就能理解休谟对于斯洛特的重要意义了。

然而，按照斯洛特自己的思路，他的思想应当比上述道德情感主义的前辈更加纯粹地"基于行为者"，并且更加充分地得到来自现代道德心理学的支持。

斯洛特坚持认为，他完全把美德当作整个理论体系中最根本的东西；内在品质或动机可以说明其他要素，而其自身则无须通过其他要素来说

---

① ［英］休谟：《道德原则研究》，第124—125页。
② ［英］休谟：《道德原则研究》，第125页。

明。相比之下，无论是沙夫茨伯利的"公众情感"还是哈奇逊的"普遍仁慈"，都以是否最大限度地增进公众利益或社会福祉为合理性依据。因此，两者的美德概念还不能堪称"独立的"或"根基性的"。而在休谟那里，由于他对美德的来源的看法被认为是多元主义的——即，"某些动机或品质特征具有价值，是因为它们给行为者和其他人带来了'功利'，但是，另一些特征则以不同的方式让人当下就欣然同意（immediately agreeable），从而也被视作美德"[1]——所以斯洛特不无失望地表示，由于"休谟似乎认为，动机的美德性在一定程度上依赖于它们的功利性，依赖于它们给人们所带来的好处，因此，我认为很难把休谟也称为一位基于行为者的美德伦理学家"[2]。

之所以存在上述差别，根本原因在于他们对美德的发生机制和心理基础的理解不同。对哈奇逊来说，人类之所以表现仁慈等美德，是因为人类具有道德感（moral sense）的官能，它如同味觉、触觉一样，属于人类的特性之一。虽然它是行为者的内在之物，但它反映的内容却是外在的。也就是说，哈奇逊把包含着"最大限度增进福祉"这一后果论命题的心理诉求界定为美德并命名为"仁慈"。而休谟则否认道德感。他认为，我们之所以会表现出美德，不是源自这种看不见、摸不着却被比喻为"类似味觉、触觉的东西"的官能，而是源于所有人的心灵所具备的一种受他人苦乐影响的普遍的心理倾向，即"同情"（sympathy）：我们出于同情而能感受他人的痛苦，因此会激发仁慈的动机，想把他们从苦难中解脱出来，于是我们会根据自己的感受而做出行为选择。[3]

斯洛特接受了休谟的解释模式，即，通过心理运行的内在机制来说明为什么会产生美德的动机，为什么这些动机会导出特定的道德取向。然而斯洛特没有接受的是，他认为，当关怀和仁慈等情感作为动机时，其心理基础实际是"移情"（empathy）而不是休谟所说的"同情"，尽管休谟所

---

[1] Michael Slote, "Moral Sentimentalism and Moral Psychology", in David Copp ed., *The Oxford Handbook of Ethical Theory* (Oxford University Press, 2005), p. 222.

[2] Michael Slote, *Morals from Motives*, p. 8.

[3] Michael Slote, "Moral Sentimentalism and Moral Psychology", p. 223.

谈论的"同情""很接近我们所说的移情。但'移情'这个词在20世纪才出现。它的德语词源（Einfühlung）也是在20世纪才明确使用的"。① 所谓"移情"，是指一个行为者把自己放在别人的处境上，把别人的感受转移到自己身上来，形成一种感同身受的情形。而"同情"则是对他人的苦乐有所感应和觉察，并因之反馈出相应的心理感受。斯洛特举例说："我可以同情别人的尴尬，对此表示同情，而不必觉得像是自己遭遇了这种尴尬，从而也就没有对他人的尴尬进行移情。"② 由此可见，"移情"的心理机制要比"同情"更复杂——它不仅意味着识别他人的感受，而且意味着转移他人的感受。通过对他人感受的转移，行为者能对他人处境有更多体贴和了解，更能准确地置身其中并设身处地，因此更易做出为他人着想、以他人为重的行为。而近年大量社会心理学研究也已证明，移情而非同情，才是关怀动机以及"亲社会行为"（prosocial behaviors）的原动力。③

斯洛特对18世纪道德情感主义的扬弃，很大程度上借助了现代心理学的成果。他自己也承认："移情作为利他行为之基础、支撑和必需品的这种作用，在当前关于人类社会性发展的大量文献中才得到广泛讨论。"④ 在心理学中，该观念被称作"移情—利他主义假设"（empathy-altruism hypothesis）。⑤ 根据这种观念，不仅采取利他行为是出自移情，对这些行为进行道德评价同样是出自移情。因为评价者对行为者的利他行为表示赞许，就在于评价者把自己移到行为者的位置上而感受到行为者心中的暖意。所以，"赞许乃是对一个行为者展现给他人的那种温暖的移情式关怀的一种移情式的反应"⑥，"正是行为者的温暖关心，解释了为什么我们作

---

① Michael Slote, "Moral Sentimentalism", *Ethical Theory and Moral Practice*, Vol. 7, No. 1, p. 5.

② Michael Slote, "Moral Sentimentalism and Moral Psychology", p. 227.

③ N. Eisenberg and P. A. Miller, "The Relation of Empathy to Prosocial and Related Behaviors", *Psychological Bulletin*, 1987, No. 1, p. 223.

④ Michael Slote, "Moral Sentimentalism", p. 6.

⑤ C. D. Batson, *The Altruism Question: Toward a Social-Psychological Answer* (Hillsdale, NJ: Erlbaum, 1991).

⑥ Michael Slote, "Moral Sentimentalism", p. 8.

为评价者也会产生这种温暖的感觉"①。而评价者之所以移情到行为者那里时能准确感受并给予评价，同样是因为评价者与行为者都有移情他人的心理倾向。所以，移情的心理机制不仅说明内在品质如何推导出有美德的行为，而且确保人们在"关注他人是否应当得到赞许"等评价问题上相互承认。

第四节　思想洁癖与主观主义

诚然，由于常识美德伦理学把核心命题（"自我与他人的对称性"）的合法性基础置于日常直觉，而基于行为者的美德理论又更加激进地认为"美德是完全独立而根基性的内在品质"，因此，斯洛特的思路容易给人留下这样的印象：即，他为了追求理论的纯粹性和极致性而不惜沾染上主观主义的弊病。

人们首先可以提出的问题是：作为美德的品质和动机凭什么就是善的？依据何在？显然，斯洛特不能提供依据，因为他已经把这些品质界定为"不假外求的/独立的"（independent）和"根基性的"（fundamental）。② 虽然这种论证方式在古典时代和启蒙时代有可能行得通（因为当时的人们仍相信，如果一物无法得到其他东西的说明，则意味着该物"本身"处于极致的位置），然而在现代社会，它却十分乏力。因为除非获得经验的证明或群体的承认，否则现代人没有理由相信某个事物或概念的真实性。当斯洛特把美德品质说成"独立的""根基性的"时，他实际上切断了作为内在品质的美德与外在世界的各种关系和可能性。

对于"缺乏经验根基"的指控，斯洛特也有所觉察。他说："（有人认为，在基于行为者的理论中）道德生活就是捍卫好动机并依此行动，而不管究竟什么才是外部世界所需要的。如果这是事实，那么基于行为者理论将会导致一种孤闭症，与世界相隔离，而这会使人怀疑像这样的伦理学怎

---

① Michael Slote, "Moral Sentimentalism", p. 11.
② Michael Slote. "Agent-based Virtue Ethics", p. 203.

可能充分有效。"① 但是，他认为这种指责并不恰当，因为基于行为者的美德伦理似乎容许行为者探求和理解事实。斯洛特以"仁慈"为例说道："如果一个人是真的仁慈或想对社会有用，那么，他就不能把好东西仅仅放在身边，或只给予他目力所及的人。比如说，除非一个人在意到底是谁需要帮助以及他们有多么需要帮助，并且，这种在意反过来确实使他想要知道相关事实，或使他能尽力得到相关事实，以便于他的仁慈可以真正发挥作用，否则他的仁慈就不是最充分意义上的仁慈。因此，根据这种动机而行动的人必须对其周遭世界保持开放，与之谋求联系并受之影响——他的决定不应当是在与我们大多数人都视作道德相关事实的东西差别巨大的情况下做出的。"②

然而，这种辩护给人的印象却是：斯洛特不得不退让一步，承认内在品质对于经验事实的依赖性。我们从这个例子中分明看到，斯洛特其实很清楚，仁慈是不是"真的"仁慈，这完全跟行为者的具体情境及其采取的具体策略有关。如果斯洛特接受这种推论，那么，美德品质就不能被断言为"根基性的"或"不假外求的"；如果斯洛特不接受这种推论，那么，他就得承认有两种仁慈：一种是纯粹的仁慈本身，另一种则是具体的仁慈。前者就其本身便令人钦佩，而后者则是这种"就其本身便令人钦佩"的东西添加了事实后的表现。可是，即使不深究这种二分法是否合理，也仍有一个疑问悬而未决——即，究竟什么是"就其本身"（by itself）？这种说法到底意味着什么？在哲学史上，许多哲学家为了证明其思想体系中某个环节的绝对正确，往往采用这种"纯粹的"论证策略；仿佛只要把某个对象的合理性归诸"就其本身"，便能代表"不证自明"而让人接受。可是，"不证自明"恰恰意味着"尚未证明"！或许以前的人们还可以通过诉诸"上帝"的万能或"理性"的可靠，为其思维体系的阿基米德点予以"不证自明"的证明，但是，现代社会已浸润过足够的世俗性，现代的思想也已经受过现代性与后现代性的洗礼和冲击，随着上帝的死亡与理性的

---

① Michael Slote, *Morals From Motives*, p. 17.
② Michael Slote, *Morals From Motives*, pp. 17–18.

衰变，各种宏大叙事已无力再为这种论证策略提供资源了。况且，现代道德哲学其实并非缺少此类论证，恰恰相反，有太多的理论体系喜欢把自己的起点标榜成"就其本身即是正确"的模样。然而，理论的自负却因为内容上的相互抵触而演变成无休止的相互指责，结果导致整个现代道德哲学遭遇信任危机。① 试图通过"就其本身"等说辞来证明某个思想环节的合法性，这与其说是达到了思想的极点，不如说是思想洁癖和理屈词穷的表现！

　　退一步，就算承认这些品质"本身即善"，但又如何能够确保它们推出正确的行为呢？无论"仁慈"或"关怀"都只表明行为者性格中的某种善意倾向，但并不代表他们的行为能恰到好处。比如，一个仁慈的行为者可能会对不该仁慈的对象依然仁慈（如东郭先生），或者，一个行为者的仁慈并不被受动者接受，反被后者视为对自己的轻视甚至侮辱（如意志坚强的残障人士）。这些案例都说明，对正确的行为而言，仁慈和关怀等心理倾向并非充分。与之相比，对当下的准确洞察、对行为方案的恰当选择等实践判断才更为重要！当一个行为者试图展现仁慈的品质时，他应该对相关对象的处境、身份和需要，以及自己的能力与行动选项予以深思熟虑。诚然，美德伦理学需要"好心眼"和"热心肠"，但它更需要的却是"好心不办坏事"的生活状况。基于行为者的美德伦理学把行为的正确性全然挂靠在动机的正确性上，因此它势必断言好动机带来好行为，但这种看法却过于乐观甚至主观！面对这种质疑，斯洛特引入了"总体动机"（overall or total motivation）概念来为自己辩护。

　　在他看来，作为内在品质的美德应被视作"总体动机"，即总体的道德倾向，而不是某个具体的动机（particular motivation）。一方面，如果行为者的总体动机是好的，那么他就能采取正确的行为。斯洛特相信，这样的行为者"每次努力都是为了发现相关事实，并且在行动时

---

① ［美］麦金太尔：《谁之正义？何种合理性？》，万俊人等译，当代中国出版社1996年版，第8—9页。

十分细心",所以他不会轻易犯错;即便"有多么糟糕的事情发生……这些坏结果也是由于他缺乏理智或是缺乏学习而导致的认知缺陷,所以,我们对他的表现只能予以认识上的批评,而不必是道德上的批评"。① 另一方面,如果行为者的总体动机是坏的,那么即使他的具体行为产生了好后果,也不能称为正确;即使他的具体动机偶然合乎美德的要求,也不值得称道。从这个角度讲,斯洛特实际上取消了"正确的行为"和"具有正确动机的行为"的差别——那些"正确的行为"全都成了出于正确动机的行为;而出于不良动机的行为(比如,出于扳倒政敌的私人算盘而检举腐败官员)则在任何情况下都不是"正确的行为"。② 所以有学者认为,斯洛特的美德理论具有整体主义的(holistic)特征③,但这种特征却是以混淆上述二者的伦理区别为代价的。④

"总体动机"的辩护看似为斯洛特的美德理论提供了一个更深层的基础,但它只是在解释上构造了一层新的理论维度。由于缺乏现代心理学的经验证实,因此这个关于心理取向的概念,更多的是反映了斯洛特在道德心理结构上的理论设计,或是他对人性的理解,而非真实的经验所指。况且,即便一个人具有这种总体动机,也不必然保证他能始终遵循该动机行动而不受到主观或客观的阻碍。斯洛特看重行为者内在品质的伦理意义,固然是对行为者的信任和尊重,但是,这种信任却很难说服现代社会成员。因为现代社会对"人"的设想已经改变太多。人们更倾向于认为,把道德对错的确认方式置于行为者的"内在品质",这是不慎重地将之托付给私人意见,必然陷入不可靠的主观主义。

---

① Michael Slote, *Morals From Motives*, p. 34.
② Michael Slote, "Agent-based Virtue Ethics", pp. 205–206.
③ David Copp and David Sobel, "Morality and Virtue: An Assessment of Some Recent Work in Virtue Ethics", *Ethics*, Vol. 114, No. 3, p. 548.
④ [新西兰]拉蒙·达斯:《美德伦理学和正确的行动》,陈真译,载《求是学刊》2004年第2期。

第五节 误解内外之别

将行为的尺度挂靠于行为者的内在品质，在当代美德伦理学中并不鲜见。① 这种思路有一个预设：即，它将"内在性"视为美德伦理的最大特征，将美德伦理与规则伦理之间的最大差异看作"内外之别"。用斯洛特的话来讲，"基于行为者的观点，明确地允许行为者受制于那些控制他们行为的道德要求或约束。但是，那些要求、标准和约束都是从内部（from within）开始起作用的"②。换言之，在内在之物（品质与动机）和外在之物（行为与规则）之间做出区分，并将前者视为基础，这被斯洛特视为确立美德伦理学的合法性与独特性的关键一步。③

但是，事情绝没有这么简单，因为包括规则伦理在内的任何伦理学都会提供各自的道德心理说明。规则伦理学也一直试图从行为者的内在本性或心理结构中寻找可以充当规则之基础的内在要素。无论康德主义或功利主义，它们之所以会赞赏某些行为，也是因为这些行为是被行为者出于特定的心理规范而自觉选择的。因此，规则伦理学绝不认为自己仅仅关心外在的行为，它同样需要某些内在态度和观念作为支撑。④ 反过来，美德伦理学其实也一样关注外在的行为。仅就斯洛特而言，虽然他反复强调要把美德伦理学完全奠基于行为者，但值得注意的是，他的理论恰好是为了澄清行为的根据，他正是从"行为何以正确"这一层面出发而展开运思的。

斯洛特之所以没注意到上述这点，部分原因在于，美德伦理学通过批判规则伦理学而兴起的背景，决定了当代美德伦理更多的是要通过与后者

---

① 参见 R. B. Brandt, "The Structure of Virtue", in Peter A. French et al. eds., *Ethical Theory: Character and Virtue* (Notre Dame, IN: University of Notre Dame Press, 1988); James D. Wallace, *Virtues and Vices* (Ithaca, N.Y.: Cornell University Press, 1978).
② Michael Slote, "Agent-based Virtue Ethics", p. 208.
③ Harold Alderman, "By Virtue of Virtue", in Daniel Statman ed., *Virtue Ethics*, p. 162.
④ Sarah Conly, "Flourishing and the Failure of the Ethics of Virtue", in Peter A. French et al. eds., *Ethical Theory: Character and Virtue*, p. 85.

相异乃至相反的特征来确认自身。① 既然规则伦理学的焦点是行为者的外在行为及其规则,那么,美德伦理学自然就会考虑与之相对立的方面。于是,从"行为"到"行为者"、从"外在"到"内在"的迁移,就容易被当作美德伦理学最鲜明的特征。然而,这将导致两个问题:

其一,在"内在—外在"的维度上,美德伦理学至多只需论证它的焦点在于内在因素,而无须具体论证这种内在因素的结构和属性究竟如何。可是,这势必会削弱美德伦理的核心概念(即"美德")的丰富性和说服力。因为究其本质而言,美德是行为者针对生活情境而做出的恰当的心灵反应。生活的多样和复杂决定了具体的美德有各自的适用性,背后隐藏着各自的判断和预设。斯托克尔就认为,与其像斯洛特那样泛泛地理解"美德"的内在性,不如关注每个美德的各自特点,尤其是关注它们各自揭示的心理学内涵。② 因此,美德伦理的主要任务是"考察品质和美德的'内在运作'(inner workings)",理解行为者的道德心理,而不是像斯洛特那样"外在地对待美德,仅仅反复地告诉我们,美德是令人钦佩的品质"。③

斯洛特对"美德"的理解不但比较含糊,而且更大的问题在于,他跟许多美德伦理研究领域之外的学者一样,只是在"性格品质"或"性情特征"(character)的层面上理解"美德"。他说:"大多数道德哲学家都把美德看作是理性的形式。对亚里士多德来说,我们的理性是人类最独特之处……我们正是通过拥有并运作实践理性来实现和展示我们的卓越性的。……不过,有些我们通常一直认为是美德的品质特征,却不能完全被理解为实践理性的某种形式。……它们与其说是一种理性反应,不如说是行为者个人的心灵力量(strength of mind)。"④ 这样,"美德"主要意味着某种性格趋向,而非实践推理的模式。

但是,仅将"美德"理解为好品质或好秉性(disposition)——无论

---

① Robert B. Louden, "On Some Vices of Virtue Ethics", in Daniel Statman ed., *Virtue Ethics*, p. 202.

② Michael Stocker, "Self-Other Asymmetries and Virtue Theory", *Philosophy and Phenomenological Research*, Vol. 54, No. 3, p. 693.

③ Michael Stocker, "Self-Other Asymmetries and Virtue Theory", p. 694.

④ Michael Slote, Marcia Baron, Philip Pettit, *Three Methods of Ethics: A Debate*, p. 203.

它们处于多么根本的位置——这对美德伦理学来说却是不够的。因为美德伦理学的关键意义,并不在于它能提倡优良品质,而在于它能给出一套优越的道德推理方案。尽管斯洛特把"仁慈"和"关怀"列入了基本的美德清单,但是,对于它们如何发挥作用、如何指导行为者的实践运思,他却语焉不详。事实上,人们并不是不知道应该表现出仁慈或关怀的美德,真正令人困惑而且真正需要美德伦理学予以解答的问题是:"如何做到这一点?"所以,美德伦理学除了要强调优良品质的重要性之外,更关键的是要告诉人们如何实现和践行它们,使之成为"真的"优良品质。换言之,美德伦理学所应做的,是提供清晰的实践理智路线图,而不是简单的心理劝导或心理冲动。

其二,对美德伦理与规则伦理的"内外之别"进行区分,这不过表明规则伦理学是从外在于行为者的因素来说明问题,而美德伦理学则"由外至内"进行了"翻转"。但问题是,凭什么这种"翻转"是可行的?它是可能的吗?又是可靠的吗?假如令人钦佩的品质(像斯洛特所说的那样)并无其他因素作为依据,那么,谁能保证一个拥有如此品质的人不会犯错呢?拉蒙·达斯(Ramon Das)深刻地指出,如果"将正确性定义为一个有美德的人在此情此景的情况下的所作所为而没有加以任何限制,它似乎就允许这样的可能性:一个有美德的行动者有时也许会采取一些我们在直觉上就会认为是错误的行动"。此外,还有"另一种情况,在这种情况中,即使一个有美德的人也许会故意地在完全意识到相关事实的情况下采取错误的行动。有人或许认为这在心理上或概念上是完全不可能的,但这种看法似乎没什么根据。常识告诉我们,我们应该承认美德之人的错误行动不仅可能,而且经常发生"。① 可见,如果品质和动机缺乏充分的经验依据来说明自身的内在结构与正确的行为之间存在必然联系,那么,私人化的"动机"就随时有可能堕落为主观化的"玄机"。它非但不能保证正确行为的发生,而且会让人捉摸不透,不可仿效。②

---

① [新西兰]拉蒙·达斯:《美德伦理学和正确的行动》。
② Robert B. Louden, "On Some Vices of Virtue Ethics", p. 206.

第六节　回到亚里士多德主义

迈克尔·斯洛特的美德理论，典型地反映出当代美德伦理学对于道德心理问题的重视，以及建构一种能够真实说明行为者的道德心理机制的努力。诚如心理学家布伦塔诺（Franz Brentano）很早指出的那样，"要了解我们伦理知识的真正源泉，必须考虑描述心理学领域中的最新研究成果"。①

实际上，当安斯库姆撰写那篇被称作"当代美德伦理学开端之作"的文章时，她的核心观点之一就是，规则伦理学只空洞地保留了"律法式道德"（即基督教道德学说）的心理影响，而忽视了这种心理所赖以成立的文化背景。② 而在另一篇同样重要的文献中，斯托克尔则把规则伦理学的关键缺陷称为"道德精神分裂症"（moral schizophrenia）：即，规则伦理学所设计的道德心理与人们的真实动机存在隔阂。③ 种种情况表明，当代美德伦理学对规则伦理学的发难正是从道德心理问题开始的。前者对后者的主要不满，就在于后者对行为者的道德心理设定过于简单化、强硬化、冷峻化。

其实，就道德心理本身在伦理学中的地位而言，它也是举足轻重的。因为对于任何一种伦理学类型来说，只有为道德行为者设计恰当的道德心理，才能支撑该理论所提出的道德要求。同时，道德心理又是道德行为者的一部分，因此，一种伦理学将道德心理机制理解成什么样，它的道德行为者形象便会是什么样。更重要的是，揭示人们处理道德事务时的心理基础和运行机制，从而给出让人怦然心动的道德理由和运思路径，或许是伦理学最紧迫的任务！它甚至要比设计某种规范的生活方式的任务更加紧

---

① Franz Brentano, *The Origin of Our Knowledge of Right and Wrong* (New York: Humanities Press, 1969), p. 11.
② G. E. M. Anscombe, "Modern Moral Philosophy", *Philosophy*, 1958, Vol. 33.
③ Michael Stocker, "The Schizophrenia of Modern Ethical Theories", *The Journal of Philosophy*, Vol. 73, No. 14.

迫！因为，首先，道德规范的内容决定权其实在于生活而不在于伦理学；其次，即便伦理学描绘了一幅美丽的道德蓝图并由此高喊"你应当""这是你的责任"等口号，但是，对道德要求的理解却不等同于对道德要求的接受，因此良好的行为也并不必然出现。① 所以，如果伦理学真的是要为生活着想，那么，其关键还不在于回答"我应当如何"，而在于"假如我应当如此，那么请给我一个好的理由"！该理由应该可以让我说服自己"凭什么（why）要采取这种生活方式"。在此之后，我才会进一步思考："采取怎样的（how）行动以达到它"。固然，美好的生活图景是我们所期待的，但我们更期待伦理学能够关心和体贴人，为人们找到通向美好生活的合适且有效的心灵桥梁。

基于如上考虑，当代美德伦理学非常注重道德心理的阐释。这方面的讨论也被统称为美德伦理的道德心理学（moral psychology of virtue ethics）。它们当然同20世纪心理学语境中的自然科学意义上的道德心理学相关，但是，由于研究者以及研究对象的道德哲学背景，它们深具哲学色彩，代表着伦理学对于行为者心理层面的分析和说明——正如我们在斯洛特这里看到的那样。虽然这样的思考向度可能存在某些亟须澄清和辩护的问题，但它绝不是没有意义和前途的。因为该向度使得伦理学重新回到人本身，并使我们重新记起，伦理学原本就是诊治心灵的学问。

然而，正如斯洛特自己早就注意到的那样，把行动的评价标准完全置于行为者的心理品质，是一种极端的看法。② 在《源自动机的道德》中，他明确承认，"一种观点可以是基于行为者的，但又不会仅因行为是由一个美德之人或一个具有善的内在状态（inner state）的人所做，就把它们当作正确或令人钦佩的。基于行为者的理论也不一定认为……如果一个美德之人有所行动，该行为就会因为是她做的而自动地属于好事或令人钦佩之事"③。之所以出现这种"不必然"，在他看来，至少存在两种原因：

第一，道德行为者是具有自由意志的人，因此不会完全合乎因果律地

---

① Bernard Williams, *Ethics and the Limits of Philosophy*, pp. 23–24.
② Michael Slote, *From Morality to Virtue*, p. 92.
③ Michael Slote, *Morals From Motives*, p. 16.

展现其内在状态。斯洛特曾谨慎地表示:"(基于行为者的)观点并未断言,具有令人钦佩的内在状态的美德个体在其能力范围内一定会选择她所喜爱的那种行为……因为,只需考虑到自由意志中相容论(free-will compatibilism)的几种合理形式,一个仁慈之人就完全能够选择一些并不表现或展现其仁慈(的内在状态)的行为。因此,如果一个人是完全仁慈的,并且看到另一个人需要帮助,那么他大概会施以援手,并在这么做的过程中展现其内在的仁慈。但是,拒绝施以援手,同样也在此人的行动能力范围之内。如果他确实拒绝了,那么此人的行动也就没有展现仁慈,因而……大概也就不那么令人钦佩。"① 然而,这种辩解并没有回应批评者的质疑。不仅如此,它反而代表着斯洛特的无奈与退让。因为这些话再清楚不过地表明,基于行为者的美德伦理学根本无法承诺"有美德的人必做正确的事情"。

第二,从理论特征上讲,由于斯洛特强调通过"动机"而非"原则或结果"来判断行为,因此,他的理论实质上是一种关于行为判断标准的学说。但是,"合乎该学说的判断标准"并不等于"合乎伦理生活的标准",所以斯洛特也意识到:"如果基于行为者的理论把我们从直觉上(intuitively)就认为是不可接受的某些行为予以较高的评价,如果它告诉我们的许多所谓正确的事情看上去(seem)是很糟糕的,那么,这种基于行为者的观点就至少值得质疑,我们有理由怀疑它所说的'有些特定动机在根本上就令人钦佩'这种说法是否准确。"② 然而,这种言辞只会让他更加陷入被动。因为既然他已经承认对行为的评价要完全从动机引出,那他又何以断言面前的行为是"不可接受的"呢?按照这里的说法,他是从直觉上进行判断的。那么,这是否意味着在动机之外其实还有"直觉"的行为标准?不仅如此,"直觉"标准似乎优先于"动机"——因为根据直觉所做的评价,能够校正甚至矫正根据动机所做的评价。所以,斯洛特的辩解不但无法自圆其说,而且会因为引入"直觉"等更具主观性的概念而愈发遭受质疑。

---

① Michael Slote, *Morals From Motives*, p. 16.
② Michael Slote, *Morals From Motives*, p. 18.

实际上，重视行为者品质与动机的伦理意义，这的确是美德伦理学确证自身的有效途径。然而斯洛特的问题在于，他为了强化动机的重要性，甚至不惜以"阉割"它们为代价——不但切断了对任何外在规则的依赖，而且不允许包含对任何目的的企盼。

然而，这样的动机是空洞的，甚至是不可能的。因为我们无法在头脑中形成"无内容""无指向"的动机。"动机"虽是一种主观之物，但它必须包含事实内容。不妨说，"动机"是行为者根据相关的道德传统和立场，对具体的道德情境进行识别和判断而形成的某种思虑。有的人喜欢以目的论的模式来思虑，有的人倾向于道义论或功利论的思虑框架，而有的人则更加率性地诉诸"情感"或"直觉"。无论哪种形式，都指向某些生活事实。但斯洛特的"动机"概念却不是这样；被他反复论述的"内在力量""普遍仁慈"和"关怀"等动机仅仅表现为一种意愿、冲动和心理倾向！尽管斯洛特觉得这种动机更纯粹，但它们也因此变得更"干瘪"——尤其是与亚氏美德伦理学相比而言。因为在亚里士多德那里，行为者的动机是通过对完整的美好生活有所向往、对当下的事实情境有所感知而构成的。在亚氏美德伦理学中，任何优良品质都是因为有助于人生的完善和生活的美好才富有价值，而不是"凭其自身"就莫名其妙地令人钦佩。不仅如此，在亚氏语境中，"幸福"的具体内容亦由生活共同体所决定。因此，与斯洛特的理论相比，亚里士多德主义淡化了行为者自身的分量，而突出了行为者对于共同生活情境的依赖和理解。如果说这是理论上的"退却"，那也必须承认，这种"退却"是值得的。因为该策略为内在品质和动机提供了一种更易理解的生活框架，更合乎人们伦理交往的事实。

这里，我们再次发现，斯洛特的美德理论之所以和亚里士多德主义区别甚大，关键是因为二者对"美德"的理解不同。前者把"美德"理解为一种合乎生活直觉或常理的（甚至是带有情感特征的）心理倾向，而后者则把"美德"理解为一种关于实践事务的理智运作方案。在亚里士多德主义看来，单纯将"美德"理解为优良品质并不足够。因为更重要的问题在于，是什么使得这些品质成为"美德"？怎样才能确保行为者在行动中展现这些品质？阿默里·罗蒂（Amelie Rorty）指出，各个具体的美德确实是人的品质,但是,"当一组品质成为一个美德时,那些居于该美德核心部分的想法与范畴上的当务之急,就是要形成针对具体情境的阐释;它们使人们的注意力集中起来,并通过把其他的关切放到背景的地位上而界定什么是最值得注意的东西。……如果缺少恰当的认知结构……那么好的意愿也就成了空洞的"①。可见,美德伦理学的关键任务在于揭示并论证这种恰当的认知结构。作为一种伦理学方案,美德伦理学不能停留在好品质、好心肠的层面上,它需要给出支撑这类品质的理智框架——正是这种卓越的实践推理,使得行为者表现出具体的美德言行。在亚氏美德伦理的术语中,这种理智框架被称作"实践智慧"(phronēsis)。②

当然,这并不是说,我们不能再把"美德"理解为优良品质,而是说,这些内在的心灵品质要受到一种实践理智方案的支配与调度。诚如威廉姆斯指出的那样:"美德是一种关于行动、欲求和感受的内在化倾向。但它是一种理智倾向。它涉及行为者对判断或者实践理性的运用,因而它不仅仅是一种习惯。"③ 类似的,赫斯特豪斯也认为,尽管"美德"一般是以品质的方式来塑造人们的实践推理能力,但它更重要的是体现为一种理性的方式,亦即"使我们能够正确地将对象看作善,看作我们有理由去做的某种事情的方式"。④ 在亚里士多德主义语境中,美德虽然也是一种内在因素,但是,通过把"美德"理解为一种目的论的实践理智方案,并且让其中的事实判断与生活共同体的伦理习俗和道德诉求密切关联在一起,亚里士多德主义的美德伦理学就要比斯洛特的理论设想更为务实,在实践推理的层面上也更加清晰。

---

① Amelie Rorty, "Virtues and Their Vicissitudes", in Peter A. French et al. eds., *Ethical Theory: Character and Virtue*, p. 137.
② 李义天:《美德伦理学:核心概念与主要任务》,载《唐都学刊》2009 年第 1 期。
③ Bernard Williams, *Ethics and the Limits of Philosophy*, p. 36.
④ Rosalind Hursthouse, *On Virtue Ethics*, p. 222.

第五章　美德伦理学的行动理论

像斯洛特那样把"美德"理解为一种"纯粹的内在品质"而与外在的任何规范性相隔离，这种思路之所以有问题，关键在于它无法为正确的行动提供稳定的、可信赖的指导。其实，作为规范伦理学的主要类型，美德伦理学与规则伦理学同样关注"正确行为"，同样提出了相应的行为理论。根据亚里士多德主义美德伦理学代表人物罗莎琳德·赫斯特豪斯的看法，正确的行为是美德行为者在当下情境中将会典型采取的行为；而美德行为者则是那些具有实现幸福或繁荣所需要的内在品质的行动主体。美德伦理学对正确行为的指导，是以源自美德行为者的内在品质但又体现为一定程度的"美德规则"作为基本形态的，而并不主张或认同法典化的决策程序。

目前执教于新西兰奥克兰大学的罗莎琳德·赫斯特豪斯教授是当代美德伦理学界最负盛名的学者之一。她的《论美德伦理学》(*On Virtue Ethics*)一书不仅奠定其在美德伦理学界的地位，在重要的意义上，也奠定了美德伦理学在当代伦理学谱系中的地位。尽管 1999 年该书正式出版之前，已有多位学者发表了各自的美德伦理著述，也有相关的主题文集面世，但是近三十年间，直接以"美德伦理学"为题、系统阐发美德伦理学概念、充分梳理美德伦理学议题并建构一种完整的新亚里士多德主义美德伦理学体系的努力，仍要从赫斯特豪斯的这部专著算起。因为自此以后，当代美德伦理学研究明显不再停留于片断的或具体的美德概念分析或美德传统的历史叙事,而逐步表现为整体化、体系化的理论建构特征(无论是否坚持亚里士多德主义立场)。这意味着,美德伦理学日益成为一种包含行为理论、动机理论、评价理论等内容的独特的道德理论,拥有自己的人性假设、心理结构、世界模型与道德探究观念。本章即以赫斯特豪斯的《论美德伦理学》为基础,考察亚里士多德主义的美德伦理学的行为理论,以弥补斯洛特的纯粹内在主义路线所留下的缺憾。

第一节 作为伦理学组成部分的行为理论

任何类型或流派的规范伦理学(normative ethics)都必定以规约和范导人的行为和生活方式为目的。在这个意义上,美德伦理学与康德主义、功利主义等规则伦理学(rule ethics)一样,都属于规范伦理学的一部分。只不过,前者是通过行为者的卓越的内在品质来展示和实施规范性,而后者则通过明确的公共化的外在规则来展示和实施规范性。但无论其规范性表现为何种形态,它们所针对的对象却是一致的,即,人的行为和生活方式。① 根据当代伦理学的共识,规则伦理学的规范性会更加自觉、集中地针对行为者的具体行为,而美德伦理学的规范性则可能面对较为宽泛且具整体性的生活方式。

然而,"生活方式"绝非抽象之物。人的生活方式必定也只能表现为行为者的言说与行为方式(也许还应当包括心理活动的感受和表达方式)。如果我们可以把言说视作一种特定的行为类型,那么,我们有理由认为,美德伦理学同样关注并指导人的行为。只不过,它所考察的不限于规则伦理学讨论的具体行动,而是更大范围内的言行举止及其一贯性,并侧重于从行为者的心理机制的角度出发进行考察。在此意义上,美德伦理学并非如通常想象的那样,为了区别于同时代的规则伦理学而只关注行为者却不关注行为。赫斯特豪斯在第一章开篇明确表示,当我们习惯于将美德伦理

---

① 李义天:《美德伦理学与道德多样性》,中央编译出版社2012年版,第2—3页。

学描述为"(1)一种'以行为者为中心'而不是'以行为为中心'的伦理学;(2)它更关心'是什么',而不是'做什么';(3)它着手处理的是'我应当成为怎样的人',而不是'我应当采取怎样的行为';(4)它以特定的德性论概念(好、优秀、美德),而不是以义务论概念(正确、义务、责任)为基础;(5)它拒绝承认伦理学可以凭借那些能够提供具体行为指南的规则或原则的形式而法典化"时,我们实际上没有意识到,这种概要式的刻画其实存在"粗糙的简短性"和"严重的误导性"。① 然而,反讽的是,在当前研究中常常有人将上述刻画当作美德伦理学的一种肯定性的自我表白而加以援引。

人的行为是其认知、情感、欲望或态度的外在表达。因此,对人的行为的探讨,不可能不与对人的心理机制或能动性的探讨相结合。"行动与我们的理性能动性具有本质联系,甚至是我们理性能动性的一种本质表现","对人类行动的本质的研究构成了人类的自我认识和自我理解的一种重要方式"。② 在伦理层面上,当心理机制或能动性涉及行为时,表现为道德动机。又由于人的行为总具有目的性,即便最终情况并未实现最初设想,也仍会产生特定的结果,因此,关于行为的讨论势必衍生出关于行为结果的讨论,由此形成"行为动机—行为—行为后果"的基本结构。伦理学体系中的行为理论就是围绕这一基本结构展开的;它涉及但不完全涵盖伦理学的动机理论与后果理论。

与社会学、人类学、心理学等经验研究不同,在行为问题上,作为规范研究的伦理学所欲澄清的不是"什么是人的行为",而是"什么是正确的行为";不是"怎样做出行为",而是"怎样做出正确的行为";不是"行为导致怎样的结果",而是"正确的行为导致怎样的结果"。作为伦理学体系组成部分的行为理论不仅是描述性的,更是评价性和规范性的;其主旨在于给出一种理由充分的关于"正确行为"的道德哲学论述。它不仅要告诉我们什么行为是正确的行为,而且要提供相应的证明理由和论证基

---

① Rosalind Hursthouse, *On Virtue Ethics*, p. 25.
② 徐向东编:《实践理性》,浙江大学出版社2011年版,第1页。

础,进而构成稳定适用的条目或命题,以帮助人们对行为选项进行评价和筛选。所以,伦理学的行为理论又必然涉及伦理学的评价理论,甚至在相当的程度上存在重合之处。不妨说,伦理学的行为理论之所以存在多种形态或类型,关键就在于它们所给出的证明理由与论证基础源于不同的道德要素、人性预设和社会想象,从而得到不同的评价尺度与衡量标准,进而得出不同的关于"正确行为"的论述。

以相应的人性假设和心理预设为基础,以实际动机的推动作用和/或实际后果的影响范围为参照函数,以理解并获得正确行为为目的,包括功利主义、义务论与美德伦理学在内的所有规范伦理学的行为理论的核心问题在于:什么是正确的行为?该理论能否以及如何指导人们做出正确的行为?

第二节 美德伦理语境下的正确行为

赫斯特豪斯相信,美德伦理学同义务论和功利主义等规则伦理学一样,能够提供一种关于"正确行为"的充分说明,并且,美德伦理学提供的说明或规定,至少在结构上,同功利主义和义务论的非常相似。

具体而言,功利主义的规定是:"一个行为是正确的,当且仅当,它增进了最好的结果。"义务论的规定是:"一个行为是正确的,当且仅当,它符合正确的道德规则或原则。"相应的,美德伦理学的规定是:"一个行为是正确的,当且仅当,一位美德行为者在这种环境中将会典型采取的行为。"[1] 赫斯特豪斯认为,这类规定正是三种规范伦理学的行为理论的最初前提。尽管它们仍有巨大的理论空隙有待进一步阐述,但无论如何,这样的说明或规定已表明美德伦理学并未放弃对行为的关注和对正确行为的追寻。[2] 因此,认为美德伦理学"以行为者为中心"而不是"以行为为中心"的惯常看法,就应该得到修正。以行为者为中心而不以行为的结果或

---

[1] Rosalind Hursthouse, *On Virtue Ethics*, pp. 26–28.
[2] Paul Crittenden, "Review of *On Virtue Ethics*", *Australian Journal of Philosophy*, Vol. 80, No. 1, p. 115.

规则为中心的，并不是（作为一种规范伦理学类型的）美德伦理学本身，而是美德伦理学的行为理论；"因为它在论述正确行为的第一个前提中就提出了'美德行为者'概念，而功利主义和义务论在第一个前提中分别提出的是'结果'概念和'道德规则'概念"①。

上述说明或规定尽管解决了"美德伦理学是否关注正确行为"的问题，但却不足以解决"美德伦理学是否为正确行为提供了一种充分的证明理由和论证基础"的问题。相反，当美德伦理学把行为的正确性置于"美德行为者"之上时，这似乎遗留甚至激化了该问题，进而引起更多的困惑和质疑。

首当其冲的疑问是，什么是"美德行为者"？谁才是"美德行为者"？赫斯特豪斯明确意识到，美德伦理学的规定"看起来没有为我们提供任何信息：'我们大概都知道最好的结果可能是怎样的，正确的道德规则或原则又是怎样的，然而，一位美德行为者到底是怎样的呢？'"② 在这个意义上，上述规定过于简单空洞；它对于"美德行为者"包含哪些内容或要素，其实什么也没说。

一方面，如果通过"美德"来理解"美德行为者"，亦即将"美德行为者"概念还原为更基础的概念，困惑依然没有完全解开。因为批评者仍可以进一步质疑"什么是美德"，"哪些品质属于美德"，"美德伦理学用来筛选品质的检测方式是否合理"，等等。毕竟，"如果它们仅仅给出它们的清单，我们会担心那是不是正确的清单。如果它们给出的是它们的一种抽象检测方式，我们则可能担心，如果有足够精巧的设计或不同的更进一步的前提，那么这些检测方式可以引出不同的结果"；由于美德清单以及用于界定美德的检测机制受制于文化传统，因此美德伦理学会"使自身暴露在道德的文化相对主义，或更糟糕地，暴露在道德怀疑主义的威胁之下"③。

另一方面，如果按照通常的理解，我们会把"美德行为者"视作有能

---

① Rosalind Hursthouse, *On Virtue Ethics*, p. 29.
② Rosalind Hursthouse, *On Virtue Ethics*, p. 31.
③ Rosalind Hursthouse, *On Virtue Ethics*, p. 33.

力做出正确行动的人，认为"美德"必定蕴含着"行为正确"之意。我们很难想象一个美德之人竟然无法采取正确的行动，或者，我们很难想象，一个无法采取正确行为的人居然堪称"有美德"。所以，当美德伦理学用"美德行为者"以及"美德"概念来论证"正确的行为"时，似乎又不得不旋即用"正确的行为"来定义"美德"以及"美德行为者"。① 这样的循环论证显然不能让人满意和接受，更加体现出定义"美德行为者"进而定义"正确行为"的困难程度。

其次，即便人们对于"何为美德""何为美德行为者"达成基本共识，也依然存在着不明朗之处。因为我们至多知道，美德行为者是公正、诚实、仁慈（等等）之人，我们也应"像他一样"公正、诚实、仁慈（等等）地行动。可是，如果我们缺乏美德或不够有美德，那么，仅从上述规定出发，我们其实不能知道自己该怎样才能"像他一样"行动。②假如我们不缺乏美德，从而知道如何像美德之人一样行动的话，那么，上述规定显然又成了多余的东西。③ 由于缺少明确的操作指南，美德伦理学所提出的美德要求似乎无法做到清晰明白，让人们尤其是未成年人迅速、准确地理解。换言之，这样的道德要求实际上需要行为者具备一定程度的洞察力、领悟力和判断力，才能恰当地理解、把握和践行它们。在这个意义上，美德概念"太厚重了，难以领会"④，不利于行为者恰当地采取正确的行为。

进一步地，与上述质疑相关，同时也是它受到最多指责的方面是，美德伦理学不像功利主义和义务论那样通过"规则"来表达行为的规定。规则不仅具有清晰的条理性，而且具有强硬的法典化特征。赫斯特豪斯注意到，人们通常认为，规范伦理学的任务就在于提供一组"可法典化的"普遍规则："（a）它们可以构成一种决策程序，用以决定某个具体情形中的正确行为；（b）对它们应该这样来表达，以至于那些缺乏美德的人也能够

---

① Rosalind Hursthouse, *On Virtue Ethics*, p. 30.
② Rosalind Hursthouse, *On Virtue Ethics*, p. 35.
③ Rosalind Hursthouse, *On Virtue Ethics*, p. 35.
④ Rosalind Hursthouse, *On Virtue Ethics*, p. 38.

理解并正确地运用它们。"① 相比之下，美德伦理学在指导行为时恰恰缺少这种明确的"法典化"表述。它不是直接要求行为者"不要撒谎"，而是针对行为者的内心，要求他"应该诚实"。显然，这是两种不同层次、不同程度的道德要求；从"应该诚实"的劝导到"不要撒谎"的指令，需要行为者具备更多的理解能力和转化能力，才可以实际地做出正确的行为。此外，美德伦理对规则尤其普遍规则的否定，也容易使自身在面对现代社会的基本共识及其正确行为选项时欲迎还拒，陷入被动。

综言之，针对美德伦理学行为理论的质疑集中于两个问题：第一，如何理解"美德行为者"概念及其空洞性、歧义性和循环论证风险？第二，如何理解美德伦理学的行为指南的可操作性及其与规则之间的关系？

赫斯特豪斯坦承，在"美德"得到界定之前，美德伦理学的论断——"一个行为是正确的，当且仅当，一位美德行为者在这种环境中将会典型采取的行为"——确实不能说明什么是"美德行为者"，进而不能说明什么是"正确的行为"。然而，该论断只是其行为理论的第一个前提，它必须也应当有待更具体的第二个前提——即，"美德是一种……的品质特征"——来加以填充，以规避第一个前提的空洞性和歧义性。② 通过更加具体的第二个前提来详细规定什么是"正确的行为"，这不仅是美德伦理学必须面对和处理的情况，也是所有规范伦理学都必须面对和处理的情况。如果功利主义没有进一步说明"最好的结果就是使幸福最大化和痛苦最小化"，我们就不能确信那些据说带来了最好结果的"正确行为"到底是哪些行为。同样的，"在人们知道何为正确的道德规则（或原则）之前"，义务论也谈不上给出了什么有效的行为指南。③ 赫斯特豪斯敏锐地意识到，就义务论的第一个前提而言，"我们实际上从该前提所给出的内容中并不知道什么是正确的道德规则或原则；我们只是在把我们自己的观念带入其中"④。换言之，"功利主义必须通过给出第二个前提来具体地规定

---

① Rosalind Hursthouse, *On Virtue Ethics*, pp. 39–40.
② Rosalind Hursthouse, *On Virtue Ethics*, p. 30.
③ Rosalind Hursthouse, *On Virtue Ethics*, p. 27.
④ Rosalind Hursthouse, *On Virtue Ethics*, p. 31.

什么是最好的结果,而义务论必须通过给出第二个前提来具体地规定什么是正确的道德规则。类似的,美德伦理学也必须具体地规定谁才是有美德的行为者。就此而言,三者处于同样的境地"[1],美德伦理学并不比其他两者更模糊。[2] 如果美德伦理学因其第一个前提的空洞性而需要受到指责,那么,功利主义和义务论也同样需要接受指责。不过,这种情况真的是理论缺陷吗?毋宁说,有待第二个前提来补充第一个前提从而确认"何为正确的行为",恰恰是规范伦理学的行为理论的基本属性;规范伦理学对于正确行为的定义和指导,正是通过上述两条前提共同完成的。

对"美德行为者"的界定当然要以对"美德"的界定为基础,但是,对"美德"的界定却不必然与"正确行为"发生循环论证。在赫斯特豪斯看来,美德伦理学的第二个前提可以通过陈列美德清单、采取休谟主义或亚里士多德主义关于内在品质的理解来解释"美德"——比如,"美德就是诚实、公正、慷慨等品质特征",或者"美德就是对其拥有者或他人有用的或适宜的品质特征",或者"美德就是人们为了实现幸福、繁荣或生活得好所需要的品质特征"——从而在一定程度上避开重新以"正确行为"定义"美德"的循环论证风险。[3] 此外,我们还可以通过效仿美德之人的实际表现,搞清楚美德到底是什么、到底表现为何种状况,以及由此产生的正确行为又是怎样。[4] 即便我们自身非常缺乏美德,缺乏相应的理解力、洞察力和判断力,对"正确行为"也缺少完整的认知,那也不影响我们去向美德之人学习,使自身步入一条从缺乏美德到拥有美德、从缺少相关能力到拥有相关能力的发展轨迹。

诚然,美德伦理学的行为指南不具有明确的程序化特征,但这不代表美德伦理学所提供的关于正确行为的规定和论证方案必定与"规则"格格不入。对照伦理学的法典化诉求,支持美德伦理学的人们可能不承认存在

---

[1] Rosalind Hursthouse, *On Virtue Ethics*, p. 28.
[2] Julia Driver, "Review of *On Virtue Ethics*", *The Philosophical Review*, Vol. 111, No. 1, p. 122.
[3] Rosalind Hursthouse, *On Virtue Ethics*, p. 29.
[4] Rosalind Hursthouse, *On Virtue Ethics*, p. 34.

一套稳定适用的精致的决策程序,也不认为每个人都能同等熟练和恰当地运用该程序,但"他们仍然希望获得一系列的规则……而这样的规则只有在具备一定道德智慧的人手里才能得到正确、有效的使用;它不可能被完全机械地使用"。① 在这个意义上,赫斯特豪斯指出,美德伦理学并没有认为道德规则是"完全没用"或"绝非必不可少"的。② 相反,美德伦理学通过美德术语而表达了某种特殊的规则,即美德规则(v-rule):"每种美德都给出一项指令——诚实行事、与人为善、慷慨解囊;每种恶德也给出了一道禁令——不要欺骗、切勿冷漠、无须吝啬。"③ 这些规则不是以条例而是以品质的形式表现出来,它们在保留道德要求的律令性质的同时,更仰赖行为者对其中内涵的理解和践行,懂得在什么条件和情境下运用什么样的规则才最为恰当。至于那些所谓的普遍规则,美德伦理学也没有完全否认。只不过,在美德伦理学看来,那些绝无例外的普遍规则往往处理的是非常基本或极端的情境,其数量较少;对于实现一种繁荣兴旺的生活来说,其作用当然不够显著或全面。因此,它们的地位并没有规则伦理学所想象的那么高,覆盖面也没有那么广。④ 所以,与其把精力花在寻找和确证这类绝对的普遍原则上,不如去追求"那些具有非常普遍的使用范围、专一性和灵活性得到最佳结合但又并非适用于所有可能情形的美德规则、规则或原则"⑤。在赫斯特豪斯这里,美德伦理学对于正确行为的规定和指导,正是以源自美德行为者的内在品质但又体现为一定程度的"美德规则"为基本形态的。

第三节 道德困境的复杂性与正确的行为

为了做出正确的行为,美德伦理学劝导或要求人们效仿美德行为者,

---

① Rosalind Hursthouse, *On Virtue Ethics*, p. 57.
② Rosalind Hursthouse, *On Virtue Ethics*, p. 39.
③ Rosalind Hursthouse, *On Virtue Ethics*, p. 36.
④ F. F. Centore, "Review of *On Virtue Ethics*", *The Review of Metaphysics*, Vol. 56, No. 1, p. 179.
⑤ Rosalind Hursthouse, *On Virtue Ethics*, p. 58.

识别并理解那些促使美德行为者做出该行为的优良品质所蕴含的规则指令。然而,这仅限于一般情况。面对即便美德行为者也难以抉择的棘手情况——即道德困境(moral dilemma)——时,美德伦理学又如何界定"正确行为"并指导人们采取"正确行为"呢?

要讨论上述问题,必须了解赫斯特豪斯做出的两组彼此相关的区分,即,行为指南(action guidance)与行为评价(action assessment)的区分,以及,道德正确的决定(morally correct decision)与道德正确的行为(morally right action)的区分。

行为指南与行为评价属于两个不同层面。前者涉及的是,行为者身处某一情境时应该做出怎样的决定或判断,亦即,回答"应该做什么"这个问题。对此可以有第一人称、第二人称或第三人称的答案:比如,"我必须/应该/应当做 x""你必须/应该/应当做 x"或"任何人都必须/应该/应当做 x"。① 只要行为者在当下情境中能够获得合理的依据,提供有效的理由(暂且不论这些依据或理由基于何种道德立场),他们就知道应该怎样行动,从而,他们所做出的决定是在道德上正确的决定(morally right decision)。②

可是,做出了"道德正确的决定"却不等于采取了"道德正确的行为"。这不仅因为前者完全可以是内心活动而非实际行为,而且因为,在那些其行动选项全部不尽如人意的道德困境中,虽然行为者可能出于"两害相权取其轻"的考虑而做出在当下可以辩护的决定,但是他所实施的具体行动却依然糟糕,不足以配称"道德正确的行为"。道德正确的行为必须是"一种好的行为。就其本身来说,它是一种值得赞扬而不是值得责备的行为,一种行为者会因为做了它而感到自豪而不是觉得不高兴的行为,一种体面的美德行为者会去做而且会找机会去做的行为"③。从这个意义上讲,当某个行为被称为"道德正确的行为"时,意味着它具有相对稳定和公认的客观正确性与实践合法性;它是人们根据一定的实质标准而评判为

---

① Rosalind Hursthouse, *On Virtue Ethics*, p. 49.
② 也许更恰当的说法是"在道德上可辩护的决定"(morally defensible decision)。
③ Rosalind Hursthouse, *On Virtue Ethics*, p. 46.

"正确"的行为。所以,赫斯特豪斯说:"行为指南和行为评价是非常不同的。那些明确的指令以及那些'应当''应该'和'必须'所给出的是指南,然而'y是正确的行为'却是对该行为的评价并为它赋予一个赞扬的记号。"① 概言之,行为指南关注的是"我是否应该做y"的问题,它涉及"道德正确的决定"层面,而行为评价关注的是"y是否正确"的问题,它涉及"道德正确的行为"层面。

根据行为者能否合理地回答"我是否应该做y",亦即,根据行为者能否凭借有效的理由给出道德正确的决定,赫斯特豪斯将道德困境区分为可以解决的困境(resolvable dilemma)与不可解决的困境(irresolvable dilemma)。前者意味着,面对行为选项x和y,行为者能够发现或持有一定的道德依据和道德理由以决定做x(或决定做y)。而后者意味着,当行为者的选择介于x和y之间时,他"缺乏道德根据可以更倾向于做x而不是做y";② 即便行为者在这类困境中迫于情势而不得不有所决定,其决定也仍然因为不具备压倒性的理由而仅仅是一种"姑且为之"的权宜之计。

无论困境是否可以解决,亦即,无论行为者是否拥有合理的理由给出道德正确的决定,如前所述,由于行为指南与行为评价之间不必然一致,因此,即便行为者给出了正确的决定(可以解决的困境),他最终采取的行为也既有可能是正确的,也有可能是不正确的。同样的,即便行为者不能给出正确的决定(不可解决的困境),他最终采取的行为也既有可能是正确的,也有可能是不正确的。这样,道德困境就被大致划分为如下四种类型。

第一,如前所述,存在这样一种情境,在其中,行为选项x和y"都很糟糕,但x还不至于像y一样糟糕"③,因此在道德决定的层面上,行为者有理由选择x而不是y(显然,这种理由主要基于功利主义立场)。但即便如此,行为x也仍非道德正确的行为,它仅仅相对于行为y而言程度较轻,后果没那么严重。构成该困境之"困"的,不是它的行为选项难以权

---

① Rosalind Hursthouse, *On Virtue Ethics*, p. 50.
② Rosalind Hursthouse, *On Virtue Ethics*, p. 63.
③ Rosalind Hursthouse, *On Virtue Ethics*, p. 45.

衡，而是它的行为选项全都无法堪称真正高尚之举。对此，赫斯特豪斯设计了这样一个案例：某人通过虚假承诺而让两名女子都有了身孕，无论他最终抛弃 A 还是 B 都属于"始乱终弃"的糟糕行为。只不过，由于 A 与 B 的个性或身份不同，抛弃 A 可能比抛弃 B 更糟糕，因此该行为者虽有理由做出"正确决定"（即抛弃 B），但他所实施的却绝不是"正确的行为"。

但是，赫斯特豪斯很快意识到，上述困境并非美德之人可能遭遇的困境。因为该困境的出现完全是由于道德败坏的行为者的自身过错造成的，"没有哪个美德行为者会让自己一开始就陷入如此境地"①。对美德行为者来说，在他们"可能身处的环境中所出现的某个可以解决的困境，将会通过某个道德正确的决定而解决，而这个实际做出的行为，比如'在经过对各种可能的选择抱以诸多的犹豫和考虑，感到深深的遗憾并做出补偿之后而采取的 x 行为'，则会被评价为道德正确的行为"②。也就是说，美德之人会遇到一种既能够做出正确决定，又能够采取正确行为的困境。在这第二种困境中，不同的美德要求及其相应的行为选项之间虽然存在冲突，造成了困境，但该困境并非由行为者本人引起，冲突也仅仅具有表面性。美德行为者可以通过运用自己的洞察力和判断力等实践智慧方面的能力而在看似冲突的行为选项之间做出恰当的排序，并会对那个不能被优先满足而有所怠慢的方面表示出歉意与遗憾。③

与可以解决的困境包含如上两种类型——（1）有正确决定而无正确行为，（2）有正确决定又有正确行为——的情况相似，不可解决的困境也包含两种类型——（3）无正确决定而有正确行为，以及（4）无正确决定又无正确行为。前者被赫斯特豪斯称作"令人愉快的不可解决困境"（pleasant irresolvable dilemma），后者被称作"令人沮丧的不可解决困境"（distressing irresolvable dilemma）。

"令人愉快的不可解决困境"往往表现为一种善与善之间的选择。也就是说，在某情境中，行为 x 和 y 都是不错的选项；无论行为者怎么选择，

---

① Rosalind Hursthouse, *On Virtue Ethics*, p. 51.
② Rosalind Hursthouse, *On Virtue Ethics*, p. 51.
③ Rosalind Hursthouse, *On Virtue Ethics*, pp. 52 – 54, 60.

他所实施的"都是正确的行为、值得赞扬的行为"①。然而,行为者究竟是更倾向于 x 还是 y,却缺乏具有压倒性优势的合理依据。赫斯特豪斯指出,我们为孩子购买生日礼物时面临的"有钱怎么花"的困境,就是一个令人愉快的不可解决困境。因为"从一大堆东西中为她购买任何一件,都同样的可欲,同样的可接受"②,但"没什么道德依据可以让人更偏爱其中一件而不是另一件。一个人采取 x 行为,给她的女儿买了 a,而另一个人采取 y 行为,给她的女儿买了 b"③,两者都是正确的行为。在这种类型的不可解决困境中,不存在道德正确的决定,但存在道德正确的行为。

至于"令人沮丧的不可解决困境"则是指,行为者不仅没有压倒性的合理依据来决定选择 x 还是选择 y,而且就连行为选项 x 和 y 本身也都非常糟糕。赫斯特豪斯说,行为者面临"是请求医生通过超常规的手段为他那已经没有意识的母亲再多延续一年的生命,还是现在就停止治疗",就属于一个令人沮丧的不可解决困境。因为无论选择哪一种方案,都会造成诸多问题并留下巨大遗憾,根本谈不上"正确的行为"。更何况,面对这两种选项,美德行为者"即便考虑到他们的特定标准、理想或什么东西,也仍然缺乏道德依据以更倾向于这个行为而非那个行为"④,因而也谈不上给出"正确的决定"。

除了上述四种道德困境,赫斯特豪斯还提及了第五种困境,即,悲剧性的困境(tragic dilemma)。作为一种"即便美德行为者也无法毫发无损地加以摆脱"⑤ 的困境,该行为者在其中"无论做什么都是错的,都是不被允许的"⑥,而且,其行为选项的糟糕程度要比令人沮丧的不可解决困境中的行为选项严重得多,以至于"无论有意或无意,采取这些行为都将玷

---

① Rosalind Hursthouse, *On Virtue Ethics*, p. 69.
② Rosalind Hursthouse, *On Virtue Ethics*, p. 67.
③ Rosalind Hursthouse, *On Virtue Ethics*, p. 68.
④ Rosalind Hursthouse, *On Virtue Ethics*, p. 71.
⑤ Rosalind Hursthouse, *On Virtue Ethics*, p. 75.
⑥ Rosalind Hursthouse, *On Virtue Ethics*, p. 72.

污或摧毁好的生活"①，使其"生活永远染上污名"②。在这个意义上，悲剧性的困境其实属于第四种困境——令人沮丧的不可解决困境——的一种更加严重的特殊类型：美德之人所面对的行为选项不仅令人沮丧，更会摧毁其生活，而且，他还缺乏充足的理由去选取其中一个而不是另一个，因为两者"都做得不好"。③

然而，按照赫斯特豪斯的表述，悲剧性困境似乎既包含不可解决的类型，又包含可以解决的类型。④ 对于可以解决的悲剧性困境，美德行为者虽然能够找到合适的解决方案并做出正确的决定，但他所实施的行为仍会玷污或摧毁其生活。这种情况更明显地突出了"悲剧性困境"的"悲剧性"所在：即，"不是因为困境不可解决，而是因为，美德行为者在正确解决它的过程中无法出而不染"⑤。值得注意的是，这种困境尽管与最开始讨论的第一种困境一样，都是行为者在行为指南的层面上可以做出正确决定而在行为评价的层面上却不能得到正确行为的情形，但是，除了前者的错误行为的糟糕程度更加严重之外，两者的根本不同在于，可以解决的悲剧性困境不是由于行为者自身的过错而造成的。因此，对于这种"有正确决定而无正确行为"的困境，美德行为者可能会身陷其中而不得不有所应对。

综言之，根据对行为指南和行为评价的不同反应，美德行为者将会面临的道德困境表现为如下四种：

美德行为者面临的困境类型	能否做出道德正确的决定（行为指南）	能否做出道德正确的行为（行为评价）
（1）可以解决的悲剧性困境	是	否
（2）冲突仅具有表面性的困境	是	是
（3）令人愉快的不可解决困境	否	是
（4）令人沮丧的不可解决困境/不可解决的悲剧性困境	否	否

---

① Rosalind Hursthouse, *On Virtue Ethics*, p. 74.
② Rosalind Hursthouse, *On Virtue Ethics*, p. 75.
③ Rosalind Hursthouse, *On Virtue Ethics*, p. 72.
④ Rosalind Hursthouse, *On Virtue Ethics*, p. 72.
⑤ Rosalind Hursthouse, *On Virtue Ethics*, p. 78.

第四节 美德伦理行为理论的基本特征

必须承认,赫斯特豪斯对于美德伦理学行为理论的讨论,不仅阐释了美德伦理学有关正确行为的理解和规定,而且将这种理解与规定进一步拆解为行为指南和行为评价两个层面。正如赫斯特豪斯追问的那样:"一个行为是正确的,当且仅当它是一个有美德的行为者在这种环境中将会典型采取的行为,这种'论述'是在提供行为指南还是在提供行为评价,抑或两者皆有?"① 在此意义上,围绕"何为正确行为""怎样做出正确行为"等行为理论的基本问题,美德伦理学所给出的思考与回答将会带来一些特别的启示。

首先,在行为指南层面,美德伦理学不赞成规则伦理学强烈的法典化诉求。美德伦理学不认为,在指导人们"怎样做出正确行为"的问题上,伦理学需要或能够借助一组规则或原则而构成普遍适用的决策程序。这不仅因为人类生活存在着不可解决的因此无法适用任何决策程序的困境,而且因为"随着抽象原则与具体道德情境的复杂的特殊性之间的隔阂变得愈发明显",人们越来越明确地意识到"可能需要一定数量的美德以及相应的道德或实践智慧,这既是为了解释规则,也是为了决定在特殊情形中运用哪条规则才是最合适的"。② 美德伦理学相信,要做出道德正确的决定,行为者应当培养和发挥包括道德的敏锐性、感知力与想象力在内的实践智慧,而不是去制定单一的规则系统或推演公式。如果我们缺乏上述能力,那么,我们应该做的则是观察、学习和效仿那些已经具备并熟练使用这些能力的美德行为者,而不是回到谋求决策程序的老路上去。

其次,美德伦理学承认行为指南与行为评价之间的区别,由此承认可能存在"虽然能够做出正确的决定但未必能够实施正确的行为"的情形。但是,美德伦理学会关注身处该情境之中的行为者的内心感受,会注意并

---

① Rosalind Hursthouse, *On Virtue Ethics*, p. 49.
② Rosalind Hursthouse, *On Virtue Ethics*, p. 40.

强调行为者因为未能实施正确的行为而体验到的遗憾与懊恼；它不会因为行为者能够做出正确的决定便认为有理由抹杀或忽视这类感受。同样的，在"既不能够做出正确的决定也不能够实施正确的行为"的情形（即，令人沮丧的不可解决困境）中，也存在这类感受，因为"无论他们怎么做，他们都会违背一条道德要求，而我们希望他们能通过某种方式——通过感到痛苦、遗憾、懊悔或罪疚，或者在有的情况中，通过承认人们需要给予道歉、赔偿或补偿——体现这一点。"[1] 概言之，美德伦理学的行为理论不仅考察何为正确的行为，而且试图完整地揭示当不正确的行为出现时行为者的内心以及道德情境的真实状态。

最后，与规则伦理学的抱负不同，美德伦理学承认世界上存在着无法提供行为指南的不可解决的困境。赫斯特豪斯指出，"规范伦理学不应该在断定是否存在不可解决的困境之前，就试图提供某种可以解决所有困境的决策程序"[2]，"一种充分的规范伦理学——一种充分把握我们道德经验的规范伦理学——会体现如下事实，即，我们真的无法解决其中的某些困境，它并没有打算告诉我们应该怎样解决它们"[3]。通过对于道德困境的分类和分析，美德伦理学更加自觉地意识到道德生活的复杂性与道德知识的局限性。在这个意义上，美德伦理学的行为理论不是要证明正确行为的普遍存在，而是要展示那些产生正确行为的条件、边界与可能。

---

[1] Rosalind Hursthouse, *On Virtue Ethics*, p. 44.
[2] Rosalind Hursthouse, *On Virtue Ethics*, p. 18.
[3] Rosalind Hursthouse, *On Virtue Ethics*, p. 67.

第六章 运气问题及其伦理学意义

相较于规则伦理学，美德伦理学对行动的理解与指导从来就不是"单向度"的。这意味着，美德伦理学在考虑行动问题时，它一方面会以更加丰富的视角考察行为者的多重心理要素及其功能，而不是局限于理性或感性的任何某种单一的维度；另一方面，它会以更加复杂的眼光考察行动发生情境的差异性乃至不确定性。正因如此，如上章所言，赫斯特豪斯关于美德伦理学行为理论的论述就并不是简单地以一条原则作结，而是区分了不同的道德困境类型，并且提出了在不同困境下的不同处理方案，甚至坦然承认某些困境是无法采取正确行动的。因此，讨论美德伦理学的行为理论，就必须检视它所预设的一个经验前提，即，行动乃至生活的不确定性或复杂性。在这方面，运气问题显然成为了一个不可回避的伦理学问题。

自从 1976 年伯纳德·威廉姆斯与托马斯·内格尔（Thomas Nagel）同以《道德运气》为题在《亚里士多德学会学报》（*Proceedings of the Aristotelian Society*）上发表两篇重要论文之后，运气问题得到当代伦理学的热烈讨论。许多学者意识到，运气应被纳入伦理学范围认真对待。然而，由于以康德主义和功利主义为代表的现代规则伦理学占据主导地位，因此，像"运气"这样难以掌控的不确定因素，已然被排挤到伦理学边缘。对现代道德哲学来说，伦理学的任务是识别道德行为者（agent）及其能动性（agency）的理性内涵，并确认由此衍生的道德规则。现代规则伦理学试图在复杂的道德生活中发现清晰的道德规律，让行为者在其能动性范围内稳定地掌握和运用这些规律。因此，现代规则伦理学总以这样那样的方式对生活进行抽象和简化。在此过程中，作为最能反映"世事无常"的不确定因素，运气当然属于被清洗的对象。

可是，理论上的清洗不能掩盖运气的实际存在，更不能剔除运气对于行为的实际影响。伦理学如果把运气遗漏在外，将是不完整的，也是不真实的。只要人的生活存在运气，只要人们意识到运气对于生活和行为的作用，那么，运气就不可能不是一种具有道德意义或伦理意义的运气。因此，反思运气，对伦理学来说依然极为必要。而在这方面，美德伦理学的努力十分显著。这不仅因为美德伦理学的古典表述就已经正视运气的存在，而且因为美德伦理学的基本取向能够营造一种合理解释运气的哲学空间。本章即以美德伦理为视野，追溯伦理学史上有关运气的重要表述，从而针对如下问题展开分析：（1）伦理学究竟应当如何理解和定义运气？（2）现代道德哲学在面对运气时表现出何种姿态？（3）对此，美德伦理学的批评与回应又是什么？美德伦理学自身是如何理解运气的？（4）这种理解和应对又给伦理学研究带来哪些启发？

第一节　作为不确定性的运气

针对运气的伦理学分析，无疑应该首先了解其实质和特征。然而，让人遗憾的是，当代学界的讨论尽管十分热烈，却鲜有关于"运气"的直接定义。即便是威廉姆斯在那篇具有引领性的文章中也只是说："我将宽泛地、不做定义地使用'运气'概念。"① 而内格尔在把"运气"简要地理解为"某些不受我们控制的因素"之后，便立即将精力投入关于"运气"的分类及其功能论述中。② 类似情形不仅在丹尼尔·斯塔特曼

---

① Bernard Williams, *Moral Luck*, p.22.
② ［美］托马斯·内格尔：《人的问题》，万以译，上海译文出版社2004年版，第28—29页。

（Daniel Statman）所收录的新近文献中表现得非常明显①，甚至就连伦理学史上的重要思想家的表述也存在同样情况。② 学者们似乎对于"运气到底是什么"兴趣不大。或者说，他们认为这个问题容易达成共识——即，运气就是生活的不确定性。对他们来说，重要的不是深究这种不确定性的内涵，而是搞清楚这种不确定性究竟会给道德实践带来怎样的影响，给人们的道德思维和道德判断造成怎样的触动。

然而，仅仅重视运气的功能却不澄清其内涵是不妥当的。如果"运气"只是被宽泛地定义为"生活的不确定性"而没有进一步说明，则会给"不可知论"和"宿命论"留出空间——前者把运气设想为纯粹偶然的东西，把运气的降临看作是没有缘由可言的随机事件；后者则把运气设想为某种外在必然性的具体表现，从而把运气连同人的全部生活锁定在一种足以消解人类自主性和能动性的因果链条上。何况，假如这根链条的终端还存在一位"神灵"，那么，运气无疑将把现代人的道德知识和道德生活重新拽入神秘主义的框架中。这显然是当代伦理学者（无论他们是赞同引入运气还是主张排除运气）所不能接受的。

因此，伦理学的分析有必要从"运气"概念的内涵开始。首先，毫无疑问，运气确实是某种不确定性，它表现为一些不规律的、不可重复的情形。③ 不仅如此，"运气"还必须发生在人的世界里。因为只有在人的世界中才会有确定性和不确定性的追问；哪些情况是规律的，哪些情况是不规律的，这些问题只有在人的视野中才会被提出，只有在人的活动中才会被思考，也只有在人的世界里才能获得回答。同样一件事情，比如一颗子弹打在石头上反弹起来，在自然领域只具有物理意义，但如果这颗子弹经过反弹后恰好击中一位路人或是与之擦肩而过，那么，该事件就进入实践领域而具有伦理意义。④ 所以，不确定性事件只有与人类行为者发生关联，

---

① Daniel Statman, *Moral Luck* (New York: State University of New York Press, 1993).
② ［英］亚当·斯密：《道德情操论》，蒋自强等译，商务印书馆1997年版，第114—134页。
③ 苗力田编：《亚里士多德选集·伦理学卷》，中国人民大学出版社1999年版，第335页。
④ 唐文明：《论道德运气》，载《北京大学学报》2010年第3期。

它的不确定性才能得到识别和确认；该事件本身也才能被称为"幸运"或"厄运"。概言之，运气不仅是不确定性，而且必须是行为者生活之内的不确定性。

任何行为者都会遭遇这种不确定性。作为有限的存在者，行为者无法将所有状况都纳入掌控，总有一些影响到他的事情会发生在他的控制以外。对行为者来说，这些不被他支配但又与他发生关联的不确定性就是"运气"；它以一种突如其来的外部性介入他的生活。①

然而，无论这种外部性多么突如其来，也不意味着"没有任何原因"。② 该事件在"这个行为者"这里找不到原因，并不代表它在"其他行为者"那里也找不到原因。如果更细致地考虑，我们会发现，那些发生在行为者身上的不确定性，其实只是"对他而言"的不确定性。假如有所变换地从"其他行为者"或"旁观者"的角度看去，就会发现，对行为者 A 来说"不可捉摸""不可把握"的不确定因素，其实在行为者 B 那里完全能够是"可捉摸""可把握"的确定因素。比如，当我们一路小跑赶到公交车站，却看到自己打算乘坐的公共汽车刚刚离站而去时，我们会觉得自己运气不好。但是，如果从公交司机的角度出发，他觉得自己按点发车，经过正常行驶和停靠，就本应该在刚才那个时间点离站。对我们来说，没赶上这辆车是运气糟糕的表现；可对公交司机来说，一切都处于控制之内并正按部就班地进行。可见，对行为者 A 来说的偶然性，对行为者 B 来说也许就是必然性；对行为者 A 来说是意料之外的"变数"，对行为者 B 来说也许就是计划之中的"定数"。所以，不能简单地说，运气是处于"行为者"生活之内却在"行为者"控制之外的不确定性。更准确的说法是：运气是处于"这个行为者"的生活之内却在"这个行为者"控制之外的不确定性。

不过，有些事件虽处于"这个行为者"的生活之中，也在"这个行为者"控制之外，但它们却并非不确定的；恰恰相反，它们是确定的。比

---

① 苗力田编：《亚里士多德选集·伦理学卷》，第336页。
② Bernard Williams, *Moral Luck*, p. 22.

如，日出日落就在行为者的控制之外，但它不在行为者的意料（expectation）之外。我们不会把这类"控制之外而意料之内"的事件称为"运气"。另一个更典型也更极端的例子是人的死亡。对于死亡的必将到来，每个人虽无力阻止，却能理解和接受。因此，同样是在"控制之外而意料之内"的意义上，死亡本身不会被视作一个"运气"问题。然而，死亡究竟会在何时又会以何种方式到来，却是行为者无法预料的。因此，不是死亡本身，而是死亡的时间和方式，构成了行为者所面对的不确定性。就此而言，不确定性之所以为不确定性，不仅在于它身处这个行为者的"控制"之外，更重要的在于，它身处这个行为者的"意料"之外。行为者如果连认知、辨识、理解或预期的机会都没有，就更谈不上支配和控制了。行为者的认知、理解、预期以及支配和控制的能力，构成了他作为行为者的心理基础和主体要素，即能动性（agency）。① 所以，关于前述的定义（即，运气是处于"这个行为者"的生活之中却在"这个行为者"控制之外的不确定性），我们还必须更精密地改造得出如下命题：运气是处于"这个行为者"生活之中而在"这个行为者"能动性之外的不确定性。

第二节 道德运气：现代道德哲学的紧张与辩护

运气是否以及如何存在，本质上是一个存在论或世界观的问题。尽管不同学者持不同观念，但几乎没人敢贸然断言运气的不存在。然而，对伦理学来说，重要的问题还不是"运气是否存在"，而是"运气是否算数"。所以，真正的伦理学问题在于：假如运气不可避免，那么行为者应该抱以何种心态、采取什么措施来应对？他又应该在思考中把运气摆在什么位置，赋予其多大的权重？

在这个问题上，那些相信行为者的能动性力量的伦理学（尤其是理性主义伦理学）往往会把运气置于边缘地带。尽管它们不能彻底否定运气，

---

① William Rottschaefer, *The Biology and Psychology of Moral Agency* (Cambridge: Cambridge University Press, 1998), pp. 9–10.

但它们可以通过将道德哲学的核心表述为行为者的能动性（如理性、意图、良知等等）并以此作为道德评价的基本依据，从而将运气的重要性大大降低。这种思路相信，伦理学的讨论焦点只有放在行为者及其能动性的范围内，才能为人的行为和生活方式谋得一种有效途径，才能为人的道德评价和归责提供一种确定对象。因此，在苏格拉底眼里，一个人所应努力追求的是"把事情做好"的行为，而不是为了获得运气眷顾而绞尽脑汁。他说："至少在我看来，运气和行为是完全相反的两件事情；因为我认为不经追求就获得了所需要的东西这是好运气，而通过勤学和苦练来做好一桩事情，这才是我所谓的把事情做好，那些努力这样做的人，在我看来，就是在把事情做好的人。"① 与之相比，康德不仅强调行为者的能动性，而且更坚决地强调其中的理性部分，因此，他就更没有把运气当作一种需要认真对待的因素。康德之所以主张通过理性而订立道德法则，就是为了让人们不仅"忽略所有可能决定我们的自然性质"，而且"忽略可能影响我们的偶然情况"，以便依据人的理性重建世界。② 在他这里，只有摆脱外在偶然性干扰而在能动性范围之内的行动，才是与道德有关的行动；只有自觉依据理性的命令和要求运用能动性的行动，才是真正的道德行动。他相信，作为行为者能动性之核心的基于理性的善良意志，不会因运气而改变；那些受到运气影响的，只是意志"实现其意图的能力"③。所以，康德并不是没有"看到"运气，而是没有"看重"运气。运气不仅具有外在性，而且具有偶然性，它甚至要比那些感性层面的准则更加不确定。所以，"运气"不可能作为一项重要因素在康德哲学中占据位置。

康德对能动性的理性主义强调并以此作为道德评价的基本依据，使得"运气"成为一种与"道德"格格不入的东西。因此，当威廉姆斯在20世纪70年代将这两个术语摆在一起时，其本意就是为了揭示"道德"与"运气"之间的紧张，从而提醒人们反思这种纯粹基于能动性而不顾运气

---

① ［古希腊］色诺芬：《回忆苏格拉底》，吴永泉译，商务印书馆1984年版，第118页。
② ［美］曼斯菲尔德：《男性气概》，刘玮译，译林出版社2009年版，第252页。
③ ［德］康德：《道德形而上学原理》，第9—10页。

影响的"道德"概念。①

　　威廉姆斯注意到，在康德这里，"幸运的或不幸的偶然性所产生的任何东西都不是道德评价的恰当对象，也不是它的恰当的决定因素。在品质的领域中，真正算数的是动机，而不是风格、力量或者天赋，类似的，在行动方面，在世界中实际受到影响的东西也不是变化，而是意图"②。但是威廉姆斯指出，仅凭"动机或意图"不足以为所有行为辩护。他通过画家高更——他为了成为伟大的艺术家，抛家弃子，独自前往荒岛上隐居写生——的例子表明，许多行为只能在结果发生之后，依靠回顾性的叙述，才能做出一个比较准确的评价。即便行为者的理性足够强大，动机足够单纯，意图足够坚定，但他作为人的局限性却使之不能回避生活中超出其控制之外的不确定性。所以，无论行为者的主观意愿如何，运气总是"不请自来地"介入他的生活，使之发生改变。威廉姆斯认为，固执于自己的原初动机，明明发现运气的到来却仿佛"视而不见"，明明看到事情的结果因运气而偏离事先的计划却仿佛"没有事情发生"，这是一种不真实的反应。尤其是当运气不够好，使得上述偏离造成糟糕后果，而行为者却仍因自己的原初动机是出于理性而察觉不到任何遗憾之情，则更是一种荒谬的反应和"精神错乱的状态"。③ 在这个意义上，威廉姆斯将运气引入伦理学，不单是为了正视生活的复杂性，更是为了揭示"道德"（特别是康德意义上的"道德"）由于过分强调行为者的能动性而对真实生活状态和心灵状态的扭曲。

　　对道德评价来说，仅仅考虑行为者的能动性而不考虑能动性之外的运气是不充分的——这种思路虽然得到威廉姆斯的有力论证，但并非由他最先提出。④ 早在威廉姆斯和内格尔发表论文之前，乔·芬博格（Joel Feinberg）就已在1962年的《哲学评论》（*The Philosophical Review*）杂志

---

① 唐文明：《论道德运气》。
② Bernard Williams, *Moral Luck*, pp. 20–21.
③ Bernard Williams, *Moral Luck*, p. 29.
④ Andrew Latus, "Moral Luck", *Internet Encyclopedia of Philosophy*, http://www.iep.utm.edu/moralluc/.

上提出了运气与道德责任之间的关系问题。芬博格指出，人们常常认为只有法律的责任归属才会受运气影响，而道德的责任归属则不必如此。因为人们相信，法律的评判需要考虑实际后果，而道德的评判则同行为者的动机、意图等能动性方面有关。因此，合理的道德评价机制和责任归属机制"必须是有规律的和可预测的；完全不可能受制于机遇或不可预料的偶然事件"，"不可能说一个人在道德上是否要对外部世界的事件和事态负责"。① 但是，芬博格论证道，认为道德责任是内在法庭（inner court）根据内在法律（inner law）来评判行为者的内在因素所得出的结论，因而可以不受运气干扰，这是一种天真的想法。因为运气同样会影响行为者品质的形成，以及品质在构造具体动机时的作用，所以，"关于外在状态的法律责任在多大意义上受制于那些超出个人控制范围的因素从而成为一个运气问题，那么，关于内在状态的'道德'责任也会在同样大的意义上具有偶然性，并且是个运气问题"②。

然而，无论芬博格与威廉姆斯如何抨击现代道德哲学关于道德的狭隘理解及其对于能动性的过分信任，似乎都没有让现代道德哲学发生改变。从内格尔——在运气问题上，他是威廉姆斯最早也是最重要的回应者——开始，大部分学者在面对威廉姆斯的挑战时，都不是放弃道德与能动性之间的联系，而是通过细化而在某种程度上"吸纳"运气，使之不足以瓦解现代道德哲学的基本观念。

所以我们看到，尽管内格尔区分了运气的种类（生成的运气、环境的运气、被先前环境决定的运气、行为结果的运气）并承认运气与"道德活动"相关，但他拒绝承认运气与"道德评价"相关。他坚信，道德必须也只能与行为者的主体因素有关；相应的，道德评价也只是针对行为者及其能动性的评判，而不是针对事态的评价。③ 无论一个行为是否受到运气的影响，也无论它在多大程度上受到运气的影响，只要我们是从"道德"的

---

① Joel Feinberg, "Problematic Responsibility in Law and Morals", *The Philosophical Review*, Vol. 71, No. 3, p. 346.
② Joel Feinberg, "Problematic Responsibility in Law and Morals", p. 349.
③ [美] 托马斯·内格尔：《人的问题》，第 33 页。

视角看待它，就必须着眼于该行为与行为者之间的关系，考察行为者的能动性并针对其能动性做出评判。

内格尔意识到，"不经过思考，人们会直觉地相信，在并非由人们的过错引起、或由超出他们控制能力的因素引起的事情上，不能从道德上对人做评估"①。但是，如果与道德评价相关的因素被严格限定于行为者的能动性，那么，即便是在这些事情上，也仍可以合理地给出道德评估——因为"从道德上对人做评估"，亦即对一个人做出道德上是善是恶的评价，其依据仅限于能动性。人们只需了解他的能动性是恰当还是不恰当，就能得出他在道德上是该受赞扬还是批评的结论。也就是说，只有能动性才是道德评价的"函数"，而能动性之外的运气则不是。尽管运气的不同确实会让道德评价出现差异（比如，两个同样粗心大意的司机，但一个撞倒了突然跑进车道的小孩，而另一个没有），但在内格尔看来，这种差异只是评价程度上的，而不是评价取向上的（前者必须"为小孩的死而责备自己"，而后者"只须轻微地责备自己"，但两者都必须"责备自己"②）。糟糕的运气固然让人防不胜防，但糟糕的主观动机却使行为者逃不了干系。在任何因糟糕运气而导致糟糕结果的事件中，背后总有应该被谴责、也可以被谴责的主观过失。该行为者仍需为此承担责任。所以，与威廉姆斯不同，对于内格尔等现代道德哲学的捍卫者而言，运气给道德所带来的影响并非瓦解性的，运气（尤其是坏运气）的介入不能为行为者在道德层面所犯下的错误开脱。③

第三节 从道德运气到伦理运气

威廉姆斯和内格尔的分析，与其说是对运气的不同看法，不如说反映出当代伦理学界关于现代道德哲学的不同倾向："威廉姆斯是在充分承认个人生活之整全性要求的前提下揭示运气对人类生活的重要影响，从而对

---

① ［美］托马斯·内格尔：《人的问题》，第28页。
② ［美］托马斯·内格尔：《人的问题》，第32页。
③ 张继选：《道德运气与道德责任问题》，载《香港社会科学学报》2001年冬季第21期。

现代道德概念进行根本性反思",而"内格尔则在基本承认现代道德概念的前提下","将有关运气对人类生活之影响的讨论限定在道德"之中。①与内格尔的辩护相比,威廉姆斯的思路显示出更大的挑战性。它不仅涉及在伦理学中该如何对待运气的问题,更重要的,它涉及我们对于"道德"的重新理解。

威廉姆斯指出,"道德"(morality)只是"伦理"(ethics)的一种特定体制(peculiar institution),它在形式上强调普遍性和确定性,在内涵上聚焦于行为者的能动性和自主性,在功能上以责备或赞扬的评价为主旨。②为避免不确定性,"道德"不但尽量回避那些超出能动性的外部因素,而且,就连能动性的内部因素也有所甄别。也就是说,"道德"更倾向于诉诸能动性的理性部分,希望通过理性所蕴含的普遍必然性来论证道德的确定性。而"伦理"则不同。尽管 morality 和 ethics 一开始只是拉丁语与希腊语之间的译名之别,但随着"道德"概念上述特征的日益明显,人们日益把生活划分为道德的(moral)与非道德的(nonmoral)不同层面并赋予前者"以特别的荣耀和优越性",结果导致人们逐渐忘却"伦理"概念在原初意义上不仅意味着正确与错误的社会规则,而且意味着高雅和低俗的个人气质,不仅意味着行为者需要面对自我的能动性和精神生活,而且意味着行为者需要顾及自我之外的变化与经验事实,不仅意味着理性应当占据关键位置,而且意味着灵魂结构的其他因素也该得到认真对待。所以,"伦理"概念及其相关知识("伦理学")所看护的理应是人的整体生活,而不是人的部分生活;它既要关注内部要素的主导功能,也要发现外部因素的积极意义。③

威廉姆斯的区分及其批判,在当代美德伦理学中得到广泛呼应。朱丽亚·安娜斯(Julia Annas)尤其鲜明地指出:"古代那些关于美德和美好生活的各种理论,并不是被我们现在当作 morality 的东西,而是某些别的东

---

① 唐文明:《论道德运气》。
② Bernard Williams, *Ethics and the Limits of Philosophy*, pp. 174–177.
③ Bernard Williams, *Ethics and the Limits of Philosophy*, p. 7.

西,即,一种能够被打上 ethics 标签的替代方案。"① 在美德伦理的视野中,伦理学应当是对整个伦理生活而非仅仅道德层面的思考;相应的,关于运气问题的研究也就不应限于道德范畴,而必须从生活的整体性上加以考察。

从哲学史上看,毋庸置疑,以亚里士多德主义为典范的美德伦理学要比康德主义等现代道德哲学更能容纳运气。因为亚氏美德理论的主旨就在于,通过提升行为者的实践智慧(理智美德)和优良品质(伦理美德)而实现一种完整的美好生活(幸福)。② 对于"幸福"这个核心概念,亚里士多德早已意识到,"微弱的好运气或坏运气当然不足以改变生活。但是重大的有利事件会使生命更幸福。而重大而频繁的坏运气则可能由于其中的痛苦和给活动造成的障碍而毁灭幸福。"③ 可以说,幸福至少在如下意义上与运气密切相关:

第一,幸福不可避免地遭遇运气的影响,尤其是坏运气的消极影响。一方面,作为完整的美好生活,幸福的完整性必须体现在一生中,因为"没人会说遭受如此偶然事件而悲惨死去的人是幸福的"④;然而,人生道路漫长,变化很多,数十年的时间里不可能时时"鸿运当头"⑤。另一方面,幸福的完整性还体现为各种美好价值的实现,其中不仅包括心灵的卓越,而且包括身体的善和外在的善;后者将在更大程度上依赖于行为者之外的东西而使得幸福表现出强烈的脆弱性。玛莎·纳斯鲍姆(Martha Nussbaum)指出,斯多葛学派就曾因此而"认为生活的'外在善'——包括财富、荣誉、金钱、食物、住所、健康、身体完整、朋友、孩子、所爱的人、公民资格和政治活动——没有真正的价值"。但是,对亚里士多德来说,"我们只是居住在一个王国即自然王国中,我们的一切能力,包括

---

① Julia Annas, "Ancient Ethics and Modern Morality", *Philosophical Perspectives*, Vol. 6, p. 119.
② Anthony Kenny, *Aristotle on the Perfect Life* (New York: Oxford University Press, 1992), p. 32.
③ Aristotle, *Nicomachean Ethics*, p. 948.
④ Aristotle, *Nicomachean Ethics*, p. 946.
⑤ L. W. Summer, "Is Virtue Its Own Reward?", in Ellen Frankel Paul etc. eds., *Virtue and Vice* (Cambridge: Cambridge University Press, 1998), p. 19.

我们的道德能力,都是世间的,都需要世间的善来为它们的兴盛提供条件"。① 因此,直面超出自身的不确定性,把自己暴露在运气(特别是坏运气)之中,这是行为者为实现一种完整的美好生活而不得不付出的代价。运气的变化无常尽管给生活带来困难,但也为之赋予了更大的丰富性。行为者所面临的不确定性越复杂,恰恰表明他所追寻的美好生活的维度越完整。所以,在美德伦理视野中,行为者受到运气影响的脆弱程度,与他的"幸福"概念的丰满程度成正比。

第二,幸福的实现仍需好运气来成全。希腊文的 eudaimonia(幸福)是由 eu(好)和 daimōn(神灵)组成,其字面含义是"有好神灵在眷顾";由于 daimōn 还指"命运"和"运气",因而 eudaimonia 又意味着"处于好运气中"。② 亚里士多德敏锐地意识到,幸福既然是人类生活的一种(最佳)状态,既然需要人们通过完成一次次具体的活动和行为而逐步实现,因此幸福就需要好运气作为补充,"因为没有那些合适的手段就不可能或者说不容易做成高尚的事"。③ 他甚至说:"幸福的生活就是幸运,如无幸运,便无幸福。因为如果没有靠运气抓住的外在的好东西,幸福是不可能的。"④ 因此,他的美德理论所希望了解的一个重要方面是,好运气可以为心灵的卓越、成功的行为和幸福的生活提供哪些帮助,行为者在好运气来临时又该如何发挥其能动性以顺势而为。

第三,在美德伦理学中,不仅能动性之外的部分会受运气影响,就连能动性的内部要素——作为理智美德的实践智慧和作为伦理美德的优良品质——也会受运气影响,甚至需以运气的存在作为背景。因为实践智慧作为一种卓越的理智敏感性和实践判断,必定要在面对变化和不确定性的条件下才能有所表现,而那些具体的优良品质也只有在进入某些特定情境时才有所发挥。好运气固然有助于行为者完成合乎美德的活动,但坏运气的

---

① [美] 纳斯鲍姆:《善的脆弱性》,第 15 页。
② Robert Scott and Henry G. Liddell eds., *Greek-English Lexicon* (Oxford: Clarendon Press, 1926), p. 148.
③ Aristotle, *Nicomachean Ethics*, p. 945.
④ 苗力田编:《亚里士多德选集·伦理学卷》,第 335 页。

出现也并非全是噩梦。毋宁说,恰恰是同艰难困苦的"不幸"遭遇,行为者才有机会展现美德。如果一个人从未经历坏运气所带来的痛苦和挫折,他也就无法理解这些痛苦和挫折的对立面为何如此值得向往与珍惜。所以,无论理智美德还是伦理美德,它们本来就是美德伦理学为了直面和应对——而不是回避和消解——生活的不确定因素而提供的能动性方案,是"一种开放的、有容纳性以及奇迹可以在其中起重要作用的合理性"①。根据这种合理性,坚持美德伦理的行为者不会把运气"剔除"出去或"悬置"起来。对他来说,重要的是在承认运气不可避免甚至不可或缺的前提下,"以最高贵、最高雅的方式承受生命的变故"。②

所以,在美德伦理的视野里,运气本是题中之意。运气的存在和扰动,以及它与行为者的能动性之间的内在缠绕,并未给这种伦理学带来过多紧张。美德伦理学希望把握的是真实的生活状况,而不是纯净的理论系统;希望反映的是行为者的现实反应及其全面的生存状态,而不是单纯的道德动机或理性意图。因此,在美德伦理学中,运气不再是"道德的"运气,而是"伦理的"运气:它是构成伦理生活与伦理知识的一种"常态",而非"异端"。

第四节 运气问题与美德伦理学

运气的出场打乱了现代道德哲学清晰的知识结构,甚至打破了它追求普遍确定性的知识梦想。通过将一种现实的不确定性引入讨论,运气使人再次意识到,伦理知识不能完全按照启蒙的道德筹划来进行,伦理学必须理解能动性之内与之外的关系,必须正视确定性与不确定性的张力,必须在自己所提供的"好消息"和现实生活所暴露的"坏消息"之间谋求平衡。③ 如果我们不能剔除运气,而伦理学又打算反映真实的伦理生活及其规范之道,那么我们能否把人理解为完全理性自主的存在物,本身就值得

---

① [美]纳斯鲍姆:《善的脆弱性》,第35页。
② Aristotle, *Nicomachean Ethics*, p. 947.
③ [美]纳斯鲍姆:《善的脆弱性》,第35页。

质疑。美德伦理学之所以关注运气，不仅因为亚里士多德多次提及这个问题，更重要的是，美德伦理学可以通过运气而揭示这样一个视角，即，伦理实践并不像思维中所设计的那样单纯，任何一次行动都会受到多种多样的、意料不到的新因素的影响，从而需要我们对每次具体境况都抱以审慎和敏感。这种姿态从一开始就让行为者在追求确定性的过程中，对不确定性保持足够的清醒甚至警惕，而不至于当坏运气到来时变得惊慌失措或心有不甘，也不至于在好运气降临时显得喜出望外甚至得意忘形。

当然，重视运气的影响力，并不意味着美德伦理学不再看重行为者的能动性，更不意味着美德伦理学将任由运气的摆布。尽管亚里士多德在许多地方强调忽视运气是不恰当的，但他也在同样多甚至更多的地方指出，基于能动性的努力才是获得幸福的主要途径。亚里士多德在运气问题上的基调是：虽然运气会有扰动，但正因如此，我们才更需强调行为者的能动性，强调作为实践智慧的理智美德和作为优良品质的伦理美德的重要意义。因为人类除了让自己的能动性变得更强大和坚韧之外，并没有更有效的办法去控制那些意料之外的东西。所以，"无论是在《尼各马可伦理学》还是在《优台谟伦理学》中，亚里士多德都不认为，幸福完全来自运气"[1]；在他这里，"选择美德的人总是……离幸福更近"[2]。可以说，运气非但没有摧毁行为者能动性的伦理意义，反倒从一个新的角度展现了它的价值，从而提醒人们应当探究和塑造一种合乎生活事实的能动性框架。

于是，运气进入伦理学便有了双重的重要性：一方面，它提醒我们不能仅仅关注行为者的能动性；另一方面，它又告诫我们不能对运气听之由之。就此而言，现代道德哲学中的动机论或后果论，其实都是不够完整的。前者会因动机正确（或无过错），便对由运气导致的坏结果"轻描淡写"甚至"视而不见"；而后者则会由于运气造就的后果良好，就对行为者的动机"网开一面"或"不再追究"。这些看法都与真实的生活之间存在隔阂。毋宁说，在面对运气时，一种更健全的评价机制是，把行为者能

---

[1] Anthony Kenny, *Aristotle on the Perfect Life*, p. 57.
[2] Terence Irwin, *Aristotle's First Principle* (Oxford: Oxford University Press, 1988), p. 445.

动性的确定因素与能动性之外的不确定因素综合起来，把行为者的"第一人称视角"与评价者的"旁观者视角"综合起来，把伦理评价的内在主义与外在主义综合起来，从而构成一种复合型的评判方案——在承认动机"正当"的同时，也不否认（因坏运气而）结果"不好"；在承认（因好运气而）结果"不坏"的同时，也能意识到其动机"不当"。也许，这种结论不能满足人们关于"这个行为究竟是对还是错？""这件事究竟是好还是坏？"的非黑即白式的追问，但是它却符合伦理生活与实践事务的真实状况。因为没有哪一次行为或事件是由单一维度组成的，因此，伦理评价也就不应当仅仅针对其中某个维度来进行。面对复杂多样的生活事实，伦理学应当具体而微地探究其细致结构，而不是给出简单抽象的道德规律。在这个意义上，运气的存在及其相关问题的热烈讨论，无疑有助于人们深入反思现代道德哲学的局限，并谋求一种更加合乎生活实际与伦理常识的替代方案。

第七章 运气、能动性与行动

对伦理学来说,"运气是否存在"并不是一个问题。作为行为者控制和意料之外的不确定性,运气几乎以各种形式出现在我们的身边,影响我们的决策,甚至改变我们的生活轨迹。任何尊重并从生活出发的伦理知识都无法否认这一点。对现代人而言,我们无须将生活的这种不确定性归结为神定论的表现;运气所具有的偶然性,在现代知识结构和信念中,也无须解释成必然性链条的一个环节。因此,"运气是否存在"这个问题,在当代伦理学中没有构成强烈的争论。

然而,如果运气的存在是不可避免的,如果运气作为一项生活要素被引入伦理学的讨论是不可避免的,那么,真正的问题在于,该如何理解运气的道德功能与意义,该在多大程度上承认运气的道德相关性,又该赋予它多大的道德权重。也就是说,"运气有多重要"而非"运气是否存在"将成为伦理学讨论的核心。正是在这个问题上,争论始终未曾停息。它不仅反映在亚里士多德、斯密、包尔生等哲学家的自我纠结中,自伯纳德·威廉姆斯发表《道德运气》以来,这种争论更以明显激烈的方式呈现在人们面前。我们必须通过梳理当代伦理学的这场争论,才能洞悉现代道德哲学的能动性标准的有效性与局限性,才能理解为什么当代伦理学应该朝着建设一个更加注重道德多样性与复杂性的理论类型而努力。

第一节 讨论运气问题的两种方式

如前所述,当代伦理学的运气之争虽是从威廉姆斯与托马斯·内格尔刊发于 1976 年《亚里士多德学会学报》的两篇同名论文开始,但是,有关运气的理解和论辩却由来已久。早在《尼各马克伦理学》第 1 卷、《大伦理学》第 2 卷以及《优台谟伦理学》第 8 卷中,亚里士多德就对运气的来源、本质和意义给予了一种经典的阐释。根据玛莎·纳斯鲍姆的研究,不仅亚里士多德,包括此前的许多悲剧作家也常常通过文学作品来揭示运气在生活中的地位,并为伦理学的讨论提供重要素材。① 即便是后来主张遵从理性、反对将生活置于偶然性支配的斯多葛派,运气问题在他们那里也并未消失,而是以一种不重要的身份在伦理学中被"边缘化"。在斯多葛派的话语体系中,这种处于行为者控制之外的因素,无论是纯粹的偶然还是天命的必然,都不足以也不应该影响行为者自身的美德培养和内心修炼。

尽管这些作品对运气的具体理解存在差异,但它们关于运气的讨论方式却十分接近,因为它们考察的往往是宏观层面上、与行为者整个生活状态有关的不确定性。在此层面上,运气的扰动涉及行为者的生命质量及生活的美好程度,所以,它重点关注的不是具体情境中的运气好坏,而是行为者在整个生存过程中与不确定性的互动关系。亚里士多德的《尼各马可伦理学》典型地就是在讨论这种运气:"微弱的好运气或坏运气当然不足以改变生活,但是重大的有利事件会使生命更幸福,而重大而频繁的坏运气则可能由于其中的痛苦和给活动造成的障碍而毁灭幸福。"② 与当代伦理学相比,这种讨论对运气的理解表现出鲜明的整体性和抽象性,它很少细致区分运气的影响方式,甚至没有刻意界定运气的善恶性质。有些在现代伦理学看来并不那么具有"道德"意味的不确定性(如,一个人五官相貌

---

① [美] 纳斯鲍姆:《善的脆弱性》,第 31—65,104—108 页。
② Aristotle, *Nicomachean Ethics*, p. 948.

的天生美丑、一名球员在决赛中踢飞点球）都可以被归为这种类型的运气。这些控制之外的情况虽然无法被明确赋予"道德之善"或"道德之恶"的判断，但它们的出现却会深刻影响行为者的自我理解以及他人看法，从而给他们的生活轨迹带来难以把握的整体改变。

相应的，这种讨论方式给出的应对策略往往是整体式、箴言式和启发式的。比如，亚里士多德说，"一个真正的好人和有智慧的人将以恰当的方式，以在他的境遇中最高尚的方式对待运气上的各种变故"，"幸福的人不会因为运气的变故而改变自己。他不会轻易地离开幸福，也不会因一般的不幸就痛苦，只有重大而频繁的灾祸才使他痛苦"①。显然，这种理解与应对并没有告诉我们具体该如何行动，也没有告诉我们运气到底在哪些方面影响行为，它只是以某种启示话语提醒我们注意运气与生活的密切关联，希望我们在运气和自我能动性的关系上获得一种宏观的领悟。因此，这种策略既超越了单纯的善恶问题，也超越了单纯的行动问题；它所展示的是运气对生活状态的积极效应或消极效应。② 在此意义上，它是"伦理的"而非"道德的"；由此得到的是"伦理运气"（ethical luck）。③

与之相比，当代学者的讨论则精细得多。正如我们将看到的，当代讨论不是针对宏观层面的整体判断，而更多集中于微观层面，针对某个具体行为的考察。当代学者试图了解并争论的问题是：当运气出现在一个具体情境时，它对行为者的动机或意图是否产生影响？它对行为者的行动过程及其后果又带来何种扰动？以及，如果这种不受控制的扰动是不可避免的，那么我们该对行为者如何施予评价？换言之，当代伦理学主要围绕作为主观意图的能动性，作为客观不确定性的运气及其后果，以及，它们与行为者所应获得的道德评价之间的关系展开；落脚点不是我们在生活中如何"从战略上"应对运气，而是我们在评价中如何"在战术上"摆放运气的位置。这种讨论一方面建立在以"行为"为中心的现代道德哲学的框架

---

① Aristotle, *Nicomachean Ethics*, p. 948.
② 李义天：《美德伦理学与道德多样性》，第 150—153 页。
③ 参见 Bernard Williams, *Moral Luck*, p. 2; Bernard Williams, *Ethics and the Limits of Philosophy*, p. 7.

内，从而令运气问题仍然是一个附属于行为问题的道德问题；另一方面，它特别重视运气所引发的善恶属性和对错之别。因此，当代伦理学的讨论更强调运气的"道德"意义，得到的是严格意义的"道德运气"（moral luck）。

以行为为中心，道德运气的类型被划分为"行为发生之前的运气"和"行为发生之后的运气"。前者涉及（1）影响行为者气质、性格与禀赋的不确定性，它们往往是在行为者形成自主的能动性之前就存在并对其产生构成作用的因素，比如，一个人的基因、未成年时期的看护人或启蒙教育；内格尔称之为"构成方面的运气"（constitutive luck）。（2）影响行为者基本立场取向的作为生活背景的不确定性，比如，一个人生活的历史阶段和大的时代；内格尔称之为"环境方面的运气"（circumstance luck）。（3）影响行为者采取某个行为或决策的作为直接原因的不确定性，亦即，引发该行为或决策的因果链条上的前序环节；内格尔称之为"原因方面的运气"（causal luck）。而"行为发生之后的运气"则涉及这样一种不确定性，即（4）由于它的介入，行为者在一定程度（甚至很大程度）上丧失对已做出的行为或决定的控制，从而导致某些不完全合乎或反映行为者能动性计划的后果；因此，它被内格尔称作"后果方面的运气"（reluctant luck）。[①]

尽管从类型的数量上看，"行为发生之前的运气"更多，但由于针对它们（尤其是"原因方面的运气"）的讨论必然涉及"自由意志"等更复杂的问题，从而使得这些运气一旦被确认，将严重影响到行为者能动性的成立，进而影响到现代伦理学自身的成立。[②] 而且，威廉姆斯也承认，行为发生之前的运气（特别是"构成方面的运气"）并非他在《道德运气》这篇文章里"打算讨论的东西"。[③] 因此，就威廉姆斯及其反对者的辩论而言，其焦点不是前三种运气，而是最后一种，即"后果方面的运气"。这种运气并不消解行为者的能动性，也不试图用运气来解释或说明行为者在

[①] Thomas Nagel, *Mortal Questions* (New York: Cambridge University Press, 1979), p. 28.

[②] 参见 G. Watson, *Free Will* (New York: Oxford University Press, 1982), p. 9; D. Pereboom, *Living Without Free Will* (New York: Cambridge University Press, 2001), pp. 41–54.

[③] Bernard Williams, *Moral Luck*, p. 21.

行动之前的思维状况,相反,它承认能动性的自主存在,承认行为者可以凭能动性而自主地展开行为。只不过,当行为产生之后,运气将会由于引入不确定性使后果发生未曾预料的改变而对能动性施加某种限制,导致人们无法单纯根据能动性来做评价。这样,人们就不得不重新思考能动性的道德地位,重新思考能动性与道德评价乃至道德本身的关系。在此意义上,当代伦理学关于运气问题的争论核心是——如果运气影响和改变了行为的后果,使其偏离行为者的能动性计划,那么我们应该怎样对行为者进行评价?

第二节 威廉姆斯的挑战与问题

尽管当代学界最先注意运气与能动性之间紧张关系的是乔·芬博格,但真正引发后续争论的仍是威廉姆斯那篇具有典范意义的文章。[①] 其中,威廉姆斯表达的最显明的观点是:仅凭能动性层面的动机或意图的恰当性,不足以为行为者的所有行为提供辩护。因为在实际中,许多行为只能在后果产生之后,依靠回顾性的叙述和思考,才可给出较准确的评价。在行为或决策的过程中,行为者不得不面对超出能动性控制之外的不确定性的干扰。用他的话来说,运气"与那些对结果而言具有本质意义却处于行为者控制之外的因素有关"。[②] 即便行为者理性足够强大,动机足够单纯,意图足够坚定,他也无法回避或取消这种不确定性。所以,无论行为者的主观意愿和能力如何,运气总会不请自来地介入他的行动,使之发生超出意料的改变。运气是"行为者的决策判断受到超出其意愿的事实状况决定"的一种"非常极端的例子"。[③] 在这方面,威廉姆斯提到的两个案例十分重要,以至于常常作为争论焦点而反复出现在后续的讨论中。

案例1:画家高更出于对绘画艺术的热爱,出于对自我艺术才能

---

① Joel Feinberg, "Problematic Responsibility in Law and Morals", *The Philosophical Review*, Vol. 71, No. 3.
② Bernard Williams, *Moral Luck*, p. 30.
③ Bernard Williams, *Moral Luck*, p. 30.

的执着，尽管他意识到社会的一般要求，但他依然选择抛家弃子，独自前往大洋孤岛去钻研他的画技。对于他所采取的这个行为抉择，只有等到实际后果出现之后，才能予以评判——（1）如果他成功地成为一名伟大的画家，那么他的行为可以得到辩护；（2）如果他没有成功地成为一名伟大的画家，那么他的行为就无法得到辩护。①

案例2：一名粗心大意的司机在驾车途中撞倒了一个在他面前突然横穿马路的小孩，而另一名同样粗心大意的司机却没有遇上这样一个小孩。于是，对于这两名在能动性层面同样存在过失的司机，我们给出的评判是不一样的——（1）对于撞倒小孩从而造成糟糕后果的司机，我们会给予严厉的谴责；（2）对于没有撞倒小孩从而没有造成糟糕后果的司机，我们不会给予那么严厉的谴责甚至不会给予谴责。②

两个案例的共同之处在于，它们都在很大程度上承认运气的存在，承认运气给行为及其后果带来的事实变化，并且承认道德评价应该（甚至实际上已经）根据运气所引发的实际后果来进行。但是，它们的不同之处在于，在案例1中，行为者在能动性层面尽管有点不近人情的固执，但还谈不上是某种道德过错，而案例2中的行为者则有比较明显的主观过失。对前者（高更）来说，只有当他运气好，能够成就自己的艺术事业而为社会做出贡献时，他才能证明自己先前的决定是恰当的，甚至是正当的，亦即，他才可以得到辩护；否则就难以为他提供辩护之词（但我们还不至于谴责他，因为他并未抱有任何不良的动机）。对后者（粗心的司机）来说，只有当他运气不够好，遇上了一个未遵守交通规则的小孩并且确实撞倒了这个小孩，他的"粗心"才实际地暴露出来，我们也才能对他实际地予以谴责；否则，我们很难直接地或过多地谴责他，因为我们缺乏谴责他的充

---

① Bernard Williams, *Moral Luck*, pp. 22 – 24.
② 关于司机的例子，在内格尔的文章中有更充分的说明；在威廉姆斯这里，只是在提及"行为者遗憾"概念时试图分辨行为者感受和旁观者感受时简短地提到。尽管如此，威廉姆斯的讨论仍是开创性的，并引发了后续对这类案例和情境更精致的分析。参见 Thomas Nagel, *Mortal Questions*, pp. 28 – 29; Bernard Williams, *Moral Luck*, p. 28.

分的事实依据。因此，围绕运气与能动性之间关系的讨论，呈现出下列四种基本情况：

表 7–1

情境	能动性	运气	后果	评价
（1）成功的高更	无过错	好运气	好后果	可以辩护
（2）失败的高更	无过错	坏运气	坏后果	难以辩护
（3）没撞倒小孩的粗心司机	有过错	好运气	好后果	难以谴责
（4）撞倒了小孩的粗心司机	有过错	坏运气	坏后果	可以谴责

无论是能动性"无过错"的行为者，还是能动性"有过错"的行为者，他们都会面临"好运气"和"坏运气"的双重可能性，从而分别衍生出两种不同的后果。在威廉姆斯看来，只要运气没有从生活中消失，只要因运气产生的后果具有明显不可消解的善恶区别，那么，道德评价就不可能把自己封存于一种纯粹能动性的主体空间之中。运气的出现使我们无法简单地或直接地依据能动性，而必须考虑到运气及其后果，才能做出最后的评价。忽视运气的存在，就是对真实的道德生活的扭曲；忽视运气对于评价的扰动作用，就是对真实的道德思维的遮蔽。威廉姆斯通过揭示能动性的局限并诉诸现实经验的不确定状况，试图为运气在伦理学中的合法性争取一席之地。

然而，如表 7–1 所示，由于"运气"和"后果"之间存在一种正相关的联动关系（即，好运气对应着好结果，坏运气对应着坏结果），因此，根据"运气"来做评价，就最终的评价结论而言，其实同根据"后果"来做评价是一样的。那么，这是否意味着，威廉姆斯只是将道德评价从基于纯粹能动性的动机论转换成基于事实的后果论？或者说，威廉姆斯本质上不过是个（意识到运气重要性的）后果论者？

答案是否定的。因为正如下文还将谈到的那样，严格意义上的后果论根本就不会在乎或注意"运气"，它甚至不会以任何方式去关注或留心行为者在行动之前的能动性。与之相比，威廉姆斯的看法在承认后果的重要性的同时，还必须给能动性留出一个位置，由此，他才能展示出能动性与后果之间的不一致性甚至是冲突性，从而展示出他所欲批评的康德主义的短板（这是他写作这篇文章的基本目的）。更重要的是，在威廉姆斯这里，这种不一致性或矛盾性是由运气带来的——运气必须"出场"而不能被忽略——因此，它是一种基于偶然的不一致性或矛盾性。即使威廉姆斯给人留下一种根据"后果"做评价的印象，那也必须进一步澄清为：他是在根据"运气—后果"做评价。该评价方式常常同那种根据"能动性"的评价方式发生冲突。而后者正是现代人惯常使用的，其中蕴含着他们几乎未加反思而接受的一项直觉：即，道德不受运气的影响；道德就是为了"建立一种有望超越运气的决定和评价的维度"①；因此，"任何幸运的或不幸的偶然性的产物都不是道德评价的恰当对象，也不是道德评价的恰当决定因素"②。更直接地讲，人们只能根据他们控制之内的因素受到评价，不能根据他们控制之外的因素受到评价；他们只对其控制之内的事情负责，而不对其控制之外的事情负责（直觉Ⅰ）。

可是，正如上述案例揭示的那样，人们实际上没有完全坚持这种评价方式。在两个能动性相同（同样好或同样差）的行为者中间，对于那个因坏运气而在后果方面造成更大损害或不利局面的行为者来说，尽管我们完全知道是运气使然，尽管我们可能无法断言"他就该为此负责"，但我们仍会打心眼里感觉更加厌烦，更不可接受，更难以为他的行为找到理由来辩护，从而更愿意施加较多的谴责或惩罚——这同样是一种真实的直觉式判断（直觉Ⅱ）。③

威廉姆斯指出，在康德主义的强烈影响下，人们容易偏向于直觉Ⅰ。

---

① Bernard Williams, *Moral Luck*, p. 39.
② Bernard Williams, *Moral Luck*, p. 20.
③ 在追求理性的人们看来，"直觉"即便不是随意的，也是不可靠的；道德不应当诉诸直觉，也不应当建立在直觉的基础上。然而，作为一种真实存在并发挥作用的心理机制，直觉并非不可捉摸的含糊之物，它只不过是在一定的社会历史的文化语境中，人们在长期的道德经验基础上针对某一类型的道德情境而积淀的即时性判断。道德直觉已经作为道德心理的一部分，内化于身处该文化语境的行为者的心灵结构之中。当然，如果一定需要的话，道德直觉也可以被"还原"或"分析"成为某种理性的原则。比如，上述"直觉Ⅰ"就反映了现代人基于能动性标准的"因果性原则"（principle of causality），而"直觉Ⅱ"则反映了基于后果利害的"功利性原则"（principle of utility）。参见 Daniel Statman, "Introduction", in Daniel Statman eds., *Moral Luck*（New York: State University of New York Press, 1993）, pp. 14-17; Henning Jensen, "Morality and Luck", *Philosophy*, Vol. 59, No. 229, p. 328。

因为这种观念向他们承诺了一种建立在能动性和道德之间的严格对应关系，让人们能够在自己有所掌控的范围内多加努力，而不必暴露在运气所带来的不公平环境下。换言之，通过对不确定性的隔离，现代道德概念所包含的运气免疫性为人们在面对世界的不公平和不稳定时提供了某种安慰。① 然而，这种安慰却是虚幻和不健全的，因为它刻意回避了关于直觉 II 的真实经验和感受，从而使得"在任何重要的层面上，人们只剩下纯粹道德的动机以及对它们的毫无限制的使用"②。威廉姆斯相信，除非坚持能动性标准的反对者能够对直觉 II 做出更精致有力的驳斥，否则，就没有理由坚持他们所倡导的免于运气的道德概念及其评价机制。

第三节 反对者的声音

毋庸置疑，运气的介入给道德评价提出了挑战，更具体地说，是给其中的责任归属问题造成了困难。对那些坚持道德评价的能动性标准（即支持直觉 I）的人来说，将评价尺度从能动性之内转移到能动性之外，将道德领域从确定的主体因素扩展到不确定的经验偶然，这会让行为者的责任归属变得混乱而且缺乏说服力。因此，部分反对者依然主张，严格遵守道德与能动性之间的相关性，把运气的影响降到最低限度（纵然不能完全回避运气的存在及其效用）。但另一方面，还有一种反对声音认为，如果我们彻底坚持行为后果的重要意义，就不会把运气当作一个问题。因为在这种框架下，道德评价只需顾及实际情况如何，而不必在乎这些情况究竟是来自能动性的控制还是来自运气的扰动。显然，这两种反驳方式是现代道德哲学的动机论和后果论面对运气问题的典型反应。下面根据现有文献所表现出来的复杂程度，以先易后难的次序，从后者谈起。

---

① Bernard Williams, *Moral Luck*, p. 21.
② Bernard Williams, *Moral Luck*, p. 38.

如前所述，像威廉姆斯这样的运气支持者常被等同于后果论者。然而，在彻底的后果论这里，运气却根本不会作为一个问题而被提出来。因为严格的后果论只会将评价建立在行为的实际后果（actual consequences）而不是期待后果（expecting consequences）上。① 无论运气是否改变了情境，后果论都只考虑由此出现的实际状况。对后果论者来说，运气当然改变了后果，但运气不会改变他们基于后果的评价标准；他们只考虑这些后果实际是怎样的，而不考虑这些后果究竟从何而来。如果行为者的行为造成后果 A，那么后果论的评价就依据 A 来进行；如果行为者的行为由于好运气的促进而造成后果 A^+，那么后果论就对 A^+ 进行积极评价；如果行为者的行为由于坏运气的干扰而造成后果 A^-，那么后果论就对 A^- 予以消极评价。对后果论而言，与道德评价构成函数关系的，除了行为后果而别无其他。换言之，后果论者在评价中只关心后果本身，而不关心这些后果出于怎样的能动性计划，也不关心这些后果是否经历过运气的变故，它剔除了"能动性"和"运气"相对于评价的相关性。因此，"运气"也就没有在后果论的语境中实质性地构成一个"问题"。② 在此意义上，后果论"容纳"了运气，但也"融化"了运气。面对运气，后果论的尺度依然是：根据且仅根据实际发生的后果来评价行为者及其行动。只要行为结果是好的，行为者就可以得到辩护（甚至赞扬）；只要行为结果是坏的，行为者就得接受谴责。（见表 7–2）③

---

① Michael Slote, *From Morality to Virtue*, p. 73.
② Michael Slote, *From Morality to Virtue*, p. 74.
③ 通过与表 7–1 对比可以发现，后果论关于情境（1）和（4）的评价结论，与威廉姆斯是一样的，但双方得出结论所凭借的路径和考虑的因素是不一样的。而对于情境（2）和（3）的评价结论，双方则存在差别。对威廉姆斯而言，"失败的高更"顶多只能说"难以证明他的行为是恰当的"（难以辩护），但不至于像后果论这样直接地说"可以证明他的行为是不恰当的"（可以谴责）。类似的，"没有撞倒小孩的粗心司机"，在威廉姆斯那里，也顶多只能说"难以证明他的行为是不恰当的"（难以谴责），但无法像后果论这样直接地就给予辩护（可以辩护）。

表 7-2

情境	后果	评价
(1) 成功的高更	好后果	可以辩护
(2) 失败的高更	坏后果	可以谴责
(3) 没撞倒小孩的粗心司机	好后果	可以辩护
(4) 撞倒了小孩的粗心司机	坏后果	可以谴责

从后果论的角度来反对运气之于道德评价的相关性，还只是反对者的支流。由于威廉姆斯的挑战主要针对那些坚持能动性在道德评价中位居第一（甚至唯一）的立场，因而自然激起动机论者的更强烈反弹。当然，由于威廉姆斯的有力论证以及生活经验（直觉Ⅱ）的不可取消，这些反对者不得不在一定程度上中和对手的意见。尽管如此，他们仍以如下方式对运气支持者的观点进行反驳。这其中，作为威廉姆斯最早也是最重要的反对者，内格尔的思想相当突出。

内格尔的反对意见相对温和。因为他意识到，运气确实会给行为带来未曾预料的改变并因此影响人们的道德评价。① 在这个意义上，他承认运气的存在，也没有对运气的扰动"视而不见"；他甚至为"道德运气"下了一个定义："如果一个人行为的某个重要方面取决于他所无法控制的因素，但我们仍然在那个方面把他当作道德判断的对象来对待，这种情况就可以被称为道德运气。"②

这句话常常引起误解，让人以为内格尔其实跟威廉姆斯一样，支持运气进入道德领域并构成道德评价的一个变量。③ 然而，值得注意的是，内格尔在这句话中并没有把"那个（他所无法控制的）方面"当作道德判断的对象，而是把"处于那个方面的**他**"作为道德判断的对象。也就是说，内格尔的道德判断仍是针对行为者及其能动性的评价，而不是针对运气及其结果的评价："这种判断不同于那种有关好事或坏事的评价，即对事态

---

① Thomas Nagel, *Mortal Questions*, pp. 25-26.
② Thomas Nagel, *Mortal Questions*, p. 26.
③ Judith Andre, "Nagel, Williams, and Moral Luck", *Analysis*, Vol. 43, No. 4, p. 202.

的评价。……我们是在对**他**做判断,是在说他不好……这类判断只适用于某种特定的对象。"① 可见,内格尔的看法依然基于直觉 I:即,道德必须与行为者及其能动性相关,道德评价必须是针对行为者及其能动性的评价。无论行为是否受运气影响,只要我们从"道德"的视角来看待它,就必须着眼于行为及其发生者的关系,考察行为者的能动性状况。② 内格尔相信,只要行为者是具有自由意志的主体并且行为是由该行为者自主发出,那么,即便行为受到运气扰动,他也仍需对其行为负责。③

所以,对于司机的案例,内格尔的态度非常明确:"那个意外地撞倒一个小孩的卡车司机……如果他毫无过失,他会对他在这起事故中所充当的角色感到可怕,但不必责备他自己。……但是,如果那个司机是因为哪怕一点点疏忽而存在过错……如果这一疏忽导致了小孩的死亡,他就不会仅仅是感到可怕了。他会为小孩的死而责备自己。这件事情之所以构成道德运气的一个案例,就在于如果没有出现要求他突然猛力刹车以避免撞倒小孩的情况,那么,他本来只需轻微地责备自己。在这两种情况下,**疏忽**是同样的,而司机无法控制一个小孩是否跑到他行车路线上来。"④ 这意味着,行为者是受到谴责还是赢得辩护,只跟他的能动性有关;只有能动性的状况,才是做出道德评价的基本函数。但是,他们所受谴责或辩护的程度大小,却跟运气有关;不同的运气使得同样的能动性造成不同后果,从而在评价取向一致的前提下引发评价程度的差别。因此,在行为者能动性无过错的情况下(即,内格尔这里所说的"毫无过失的卡车司机",以及我们前面提到的"高更"),他就无须被谴责,而是可以得到辩护;只不过,好运气及其好结果会使他所得到的辩护更加充分,而坏运气及其坏结果则使他所得到的辩护要打些折扣。相应的,在行为者能动性有过错的情况下(即,"有所疏忽的粗心司机"),人们可以对他施加谴责;只不过,好运气(没撞倒小孩)会帮他减轻一些指责,而坏运气(撞到了小孩)会

---

① Thomas Nagel, *Mortal Questions*, p. 25.
② Thomas Nagel, *Mortal Questions*, pp. 37–38.
③ Thomas Nagel, *Mortal Questions*, pp. 34–35.
④ Thomas Nagel, *Mortal Questions*, pp. 28–29.

使得他所遭受的谴责程度更大。（见表7-3）①

表7-3

情境	能动性	运气	后果	评价
（1）成功的高更	无过错	好运气	好后果	可以辩护（程度较高）
（2）失败的高更	无过错	坏运气	坏后果	可以辩护（程度较低）
（3）没撞倒小孩的粗心司机	有过错	好运气	好后果	可以谴责（程度较低）
（4）撞倒了小孩的粗心司机	有过错	坏运气	坏后果	可以谴责（程度较高）

受内格尔的启发，许多运气的反对者进一步强调道德与能动性之间的内在联系（直觉I），并对这方面的论证予以精致化甚至激进化。其思路大致有这样两种：

其一，反对者区分了"道德评价"（moral appraisal/moral assessment）与"道德应得"（moral desert/moral worth）；前者是评价者针对某个行为的判断，而后者是行为者基于能动性而配享的道德地位（moral standing）。在理想条件下，我们应当完全依据一个人的道德应得（即，他的能动性所具有的善恶属性）来对他进行道德评价。然而，运气的出现使得行为者的行为及其结果无法融贯地体现他的能动性，同时，评价者的"认知局限"（epistemic limit）也使得人们只能把握眼前出现的实际情况，而难以捕捉行为者的内心世界，因此，道德评价常常就没有建立在"道德应得"的基础上。尽管运气不会影响行为者的能动性，但它却会影响这种能动性的具

---

① 同样将表7-3与表7-1对比，可以发现，这种温和的动机论关于情境（1）和（4）的评价，在基本取向上与威廉姆斯是一样的。但是，该动机论之所以分别得出"可以辩护"与"可以谴责"的结论，根本却在于行为者能动性所分别具有的"无过错"和"有过错"状况；运气及后果层面的"好"与"坏"虽然也得到了考虑，但它们并不影响评价的取向，而仅仅影响评价的程度。与此相比，威廉姆斯之所以对这两种情境分别得出"可以辩护"与"可以谴责"的结论，则是基于对能动性、运气以及后果三者综合考虑的整体判定。至于情境（2）和（3），双方的评价则存在明显的差别。对威廉姆斯而言，"失败的高更"毕竟造成不好的后果，因而"难以辩护"，但由于内格尔的这种动机论主要考察能动性的性质，因而自然会在基本取向上得出"可以辩护"的相反结论。类似的，"没有撞倒小孩的粗心司机"，在威廉姆斯那里也因为会综合考虑后果而顶多只能是"难以谴责"，但内格尔则更看重司机本身在主观上的"粗心"，因而必定斥之为"可以谴责"。

体呈现方式,以及周遭评价者对于能动性的认知基础。① 这样,实际出现了两种评价尺度,一种基于道德应得,另一种基于运气所带来的结果。而后者的简单明了,使之常常能够替代前者而支配人们的道德评价。但是,反对者认为,这种状况是完全可以避免的。只要评价者的信息更充分,只要他们不滞留于运气的干扰,而是对行为者的能动性有更多了解,就一定会将道德评价重新锁定于能动性并给出不被运气左右的判断。②

其二,如果说内格尔尚且承认运气影响了道德评价的程度,而上述反对者也承认运气(在信息不充分的条件下)会支配道德评价的标准,那么,我们似乎可以说运气确实介入了道德。然而,另一批更坚定也更激进的捍卫者则表示,运气也许带来了影响,但它影响的只是行为者的形象(image)或评价者的感觉(feeling),而不是行为者的道德地位③;只要人们严格遵循道德与能动性的关联,严格将能动性列为道德评价的唯一变量,就不会允许运气以任何方式介入道德评价。

根据这种激进的反对意见,人们没有理由认为那两个同样粗心的司机在道德上有何不同。④ 遭遇不同运气的行为者尽管"道德记录(moral record)可能不一样,但他们的道德地位却并无二致"。⑤ 因为"行为者的道德地位是一种与'内在'维度(他们的意图和倾向性)有关的事情"⑥;"对道德来说,至关重要的是行为的通常发展趋势,而不是它们在特定情形的难以预知环境中所发生的实际后果"⑦。面对不同的运气及其后果,评价者虽然会产生不同的心理感受,但无须产生不同的道德评价。只要坚持这一点,那么"道德运气"带来的问题其实要比威廉姆斯所想象的小得多。这些执着于能动性之核心地位的反对者相信,我们更多的是要保持而不是改变现有的道德概念,严格依据能动性来做出干净利落的判断,而无

---

① Norvin Richards, "Luck and Desert", *Mind*, Vol. 65, No. 378, pp. 200–201, 203.
② Judith J. Thomson, "Morality and Bad Luck", in Daniel Statman ed., *Moral Luck*, p. 205.
③ Nicholas Rescher, "Moral Luck", in Daniel Statman ed., *Moral Luck*, p. 155.
④ Michael Slote, *From Morality to Virtue*, p. 36.
⑤ Nicholas Rescher, "Moral Luck", p. 154.
⑥ Nicholas Rescher, "Moral Luck", p. 156.
⑦ Nicholas Rescher, "Moral Luck", p. 158.

须考虑运气对道德评价之取向或程度的干扰（见表7-4）。反对者相信，"有时候，使我们受到谴责的那些后果仅仅是看上去处于我们的控制之外，其实不然。如果我们更坚定地将道德评价集中于意图而非实际后果，就不会有这么多的问题"。①

表 7-4②

情境	能动性	评价
(1) 成功的高更	无过错	可以辩护
(2) 失败的高更	无过错	可以辩护
(3) 没撞倒小孩的粗心司机	有过错	可以谴责
(4) 撞倒了小孩的粗心司机	有过错	可以谴责

第四节 回应与启示

通过上述论证及四个表格，我们可以看到争论各方关于"运气有多重要"问题的回答及其差异。而这个问题的本质就在于（正如第一节指出的），面对运气的存在和介入，我们应当怎样对行为者及其行为进行评价？从这个意义上讲，无论是承认运气之道德效用的观点，还是那些依然坚持强调后果或动机之根本重要性的后果论或动机论（温和的、激进的），其实都是某种评价理论：面对道德经验所展示出来的"能动性—运气—后果"的行为结构，它们分别把其中不同的因素理解为或定义为最重要的（甚至是唯一重要的）评价根据，赋予它们不同的道德权重，从而得出各自的道德判断。因此，现在的问题是：究竟哪种评价理论更为合理？

---

① Judith Andre, "Nagel, Williams, and Moral Luck", in Daniel Statman ed., *Moral Luck*, p. 207.
② 表7-4和表7-3都是基于能动性而给出评价，因此，它们在结论的基本取向上同表7-1之间的差别是一样的。但在它们彼此之间，因为表7-4所反映的动机论更为激进，因而不存在区分程度高低的问题。对这种激进的动机论来说，需要考虑的是高更和司机在能动性上是否有过错，至于高更是否成功，或，司机是否撞倒了小孩，并不是开展评价时需要考虑的因素。

首先需要指出的是，无论是单纯地根据后果（表7-2）还是单纯地根据能动性（表7-4）来评价，都会面临一个"对道德情境的状况无法做进一步区分"的问题。具体而言，如果仅仅按照行为发生的实际后果来评价，却对后果的由来不管不问，对行为者的能动性状况不管不问，也不深究后果在多大程度上与能动性相关，在多大程度上又跟能动性控制之外的运气相关，那么，我们就无法区分行为者到底是出于怎样的能动性才带来这样的结果（他是因为有过错而导致该后果？还是因为无过错而导致该后果？），也无法区分行为者到底是不是因为能动性的过错才带来这样的结果（他是因为能动性的内部过失而导致该后果？还是因为能动性的外部失控而导致该后果？），我们甚至无法区分行为者是否是在具备能动性的条件下带来这样的结果（他是因为有意识的行动而导致该后果？还是因为无意识的行动而导致该后果？）。① 而类似的问题，亦出现在那种单纯依据能动性来进行道德评价的"激进的动机论"那里。因为仅仅关注能动性的状况，同样无法区分行为者因为面临不同的运气而带来不同结果的情境，也无法区分这些不同结果到底是行为者的能动性带来的还是运气带来的，甚至无法区分行为者的行动是有所成就还是不了了之。在激进的动机论这里，这些更细致的情境特征全都变成了无关紧要的问题。② 可见，在评价过程中，无论是仅关注后果还是仅关注能动性，这种单一化策略虽在理论上显得干净利落，但它却难以在后果或能动性相同的情况下进一步解释或说明情境的细节差异，难以描述或回应现实状况的复杂性。可以说，后果论是通过对能动性与运气的"视而不见"，而激进的动机论则是通过对后果与运气的"自我阉割"来维系自身的论证范围及其有效性。两种评价理论的共同特征是：对自己所不屑的道德因素不管不问，尽管这些因素确实存在并构成人们的道德直觉的一部分，但它们依然掩耳盗铃地将其排斥在外。

与上述两者相比，内格尔的"温和的动机论"（表7-3）似乎要合理

---

① Linda T. Zagzebski, *Virtues of the Mind* (New York: Cambridge University Press), pp. 247-248.
② Dana K. Nelkin, "Moral Luck", *Stanford Encyclopedia of Philosophy*, http://plato.stanford.edu/entries/moral-luck/.

得多。因为它在坚持能动性标准（直觉Ⅰ）的前提下，承认了运气及其结果的事实存在和扰动作用（直觉Ⅱ），似乎这种评价理论是在试图综合两种直觉。然而，必须注意的是，该理论对于这两种直觉却有主次之分，即，它并没有让运气及其结果的这种扰动作用影响到道德评价的"质"，而仅仅局限于道德评价的"量"；评价的基本取向仍然由能动性决定，而只有评价的程度高低才受制于运气及其结果。所以，在本质上，这种评价理论依然强调行为者的能动性。该因素的权重在道德评价过程中占据核心地位或首要地位；只有在满足能动性的评价标准（直觉Ⅰ）之后，才谈得上考虑运气/后果的评价标准（直觉Ⅱ）。

然而，这种意见却蕴含一个前提：即，行为者的能动性是道德评价的一种尺度，而运气及其后果是另一种尺度，前者与后者严格区分，不受后者影响；前者不仅具有纯粹性，而且，它作为评价标准所具有的正当性和优越性也都建立在这种"纯粹的能动性"基础上。但遗憾的是，在现实经验中，行为者及其能动性不可能如此纯粹。就算不诉诸基因这样的先天因素，也不诉诸决定论式的因果链条——即，不诉诸"行为发生之前的运气"——运气的辩护者也仍然可以通过某种经验主义甚至唯物主义的世界观表明，总有一些处于行为者控制外而又不依其意志为转移的关系或事件会对行为者的能动性施加制约和影响。反对者试图完全或主要依据能动性来判断行为的道德属性，在很大程度上，因为他们持有一种关于"纯粹的行为者"（pure agent）的信念，以及，一种关于直觉Ⅰ的信念。在争论过程中，有学者指出，运气之所以常常被反对者视作一个扎眼的"问题"而被要求跟道德评价撇清干系，就是因为他们固执地相信，能动性应当居于一个与运气无关的领地，并与道德建立直接而纯粹的联系。①

不仅如此，关于直觉Ⅰ和直觉Ⅱ之间的关系是否可以按照上述方式进行"词典式"排列，仍然是不清楚的。如果不是站在温和的动机论的立场

---

① Margaret U. Walker, "Moral Luck and the Virtues of Impure Agency", in Daniel Statman ed., *Moral Luck*, pp. 244–246.

上，而是站在更加承认运气之道德意义和道德效用的立场上，那么，我们会得出不一样甚至完全相反的排列方案。而事实经验所揭示的至多是：一方面，我们很难放弃道德评价的能动性标准，说服自己放弃"一个人只需对他控制范围之内的事情负责，而无须对他控制范围之外的事情负责"的根深蒂固的看法（直觉Ⅰ），但另一方面，我们同样难以对眼前活生生的事实状况"视而不见"或"无动于衷"，难以相信其间的巨大差异竟然在道德上毫无意义可言（直觉Ⅱ）。因此，道德评价理论不应当急于在二者之间给出主次之别，更不应当用其中某一种来"吞并"或"消解"另一种，而是应当更加均衡地有所考虑：即，根据日常生活的复杂性、多样性甚至是矛盾性，综合而辩证地运用能动性标准与运气/后果标准；当任何一方被过分拔高时，都必须借由另一方而予以制衡。

只不过，由于现代道德哲学更多地偏向能动性标准（直觉Ⅰ），因此，包括威廉姆斯在内的诸多谈论运气问题的学者，就显得是更加偏向于运用运气/后果标准（直觉Ⅱ）来施加矫正。在此意义上，运气问题在当代伦理学界的凸显，其实是对现有道德概念及其能动性基础的严肃挑战。1981年威廉姆斯在他那篇文章的修订版中说："我从内格尔的文章中、从同他的讨论中受益良多。我完全同意他的是，将道德与运气牵涉在一起，并不是一件我们无须质问我们的道德概念便可以简单接受的事情。这也是我的出发点之一。在该文目前的版本中，我就是要尽力把这点更直接地表述出来。而内格尔和我之间的差别在于，对于我们的道德概念，我要比他更加怀疑。"① 而在1993年的进一步回应中，威廉姆斯更明确表示，这种以能动性为基础和标准并拒绝偶然性的道德概念，不能充分解释生活中受运气干扰而产生的糟糕状况与消极情感："即便道德无可厚非，这种能动性概念也仍会导致更大的问题。它无法满足伦理事务的所有要求。"② 威廉姆斯相信，为了更加健全而真实地回应世界，人们有必要放弃"道德免于运气影响"的现代信念，并从古典哲学中汲取资源，以重建一种规模更大、更

---

① Bernard Williams, *Moral Luck*, p. 36.
② Bernard Williams, "Postscript", in Daniel Statman ed., *Moral Luck*, p. 257.

加注重生活整体的规范性框架,即"伦理"。在其中,从生活的完整性和个人的完整性出发,行为过程中出现的运气不再被视为令人棘手的"变数",而是生活中正常的"变量"。它的出现并进入伦理学的分析,是对人类之有限性与世界之复杂性的再次确认,并促使我们重新思考道德知识与道德生活的本质。

第八章 结语：美德伦理会有多少敌人？

美德伦理会有多少敌人？这话说起来就让人觉得危言耸听。然而，事实就是如此。

自从美德伦理学在20世纪中叶重新登上伦理学主流舞台以来，它就一直在争论、辩解和交锋中向前发展。即便安斯库姆的那篇文章本身，也是一份指向现代规则伦理学的"战斗宣言"。在此意义上，当代美德伦理学从一开始便面对强大的理论对手。随着美德伦理的日益兴盛，更免不了"树大招风"。不仅规则伦理学继续提出批评，但凡美德伦理有所涉猎和交集的领域（比如，心理学、政治学）也都表示出基于各种理由的质疑和不满。因此，对美德伦理学而言，搞清楚自己到底有多少敌人，它们又是从哪些方面展开攻击的，成为它所必须正视和优先考虑的问题。因为针对这些内容的讨论与回答，将直接触及美德伦理作为一种独立的道德类型是否成立，并构成当代美德伦理研究之合法性的前提条件。而这正是美德伦理学必须澄清和解决的迫切问题。

毫无疑问，现代规则伦理学是美德伦理学最直接的敌人。这不仅因为美德伦理学从一开始就是通过批判规则伦理学而复兴的，而且因为，几乎所有的规则伦理捍卫者，无论隶属于康德主义还是功利主义阵营，都没有轻易接纳美德伦理的基本概念和具体命题，没有轻易承认美德伦理的理论依据和形上承诺，甚至对于美德伦理学能否作为独立的道德类型都表示怀疑。本来，作为同属规范伦理学范畴的两种道德学说，美德伦理与规则伦理都在通过各自的方式——规则伦理学通过具体而明确的规定性陈述或律令（规则）来展示规范性，而美德伦理学则通过优秀的内在品质和理想人格（美德）来展示规范性——力争证明自己要优于对方，以求赢得更普遍的理解和更广泛的支持。但是，如果规则伦理学说服人们相信，"美德概念只是具有次级重要性的派生性范畴，它要根据功利来定义"或者"美德的重要性只在于它有助于我们履行义务"，那么，这就会从根本上瓦解美德伦理学的厚度与深度，将其降格为康德主义或功利主义的某一部分，而不再能够与之并驾齐驱。毫无疑问，这种想法一旦得到论证，它将是美德伦理在道德哲学领域内所可能遭受的致命一击。

然而，美德伦理的敌人还不限于伦理学的范围。因为就算规则伦理学把美德概念通过某种转换而"在逻辑上"归于功利或义务概念的派生系统，但是，它却不能在"事实上"否认美德作为内在品质和心理要素的独特性。美德伦理学一贯认为自己之所以比规则伦理学更有解释力，就在于它能够正视并澄清行为者的心理结构与心理资源，从而为他们的道德行为乃至道德生活提供可靠的且可行的思维方案。在这个意义上，重视道德心理问题的研究，跨越伦理学与心理学的边界，积极建构一种更加真实的道德哲学，已然成为美德伦理学独到的得意之笔。

可是谁曾料想，偏偏就在心理学的领域中，出现了另外一群不但足以消解美德伦理的心理诉求，而且足以摧毁美德伦理之心理依据的强劲敌手，这便是社会心理学中的情境主义者。在他们看来，行为者会采取怎样的行为，这取决于具体的情境，而不是作为品格特征的美德；心理学实验表明，根本不存在美德伦理学所说的那种可以配称"美德"的心理因素。因此，美德伦理学所赖以建立的美德概念，以及相应的有关心理结构与心理特征的描述，只是未经严格科学训练的道德哲学家们无比天真而又一厢情愿"想象"出来的东西。于是，本来正在伦理学同行面前夸耀自己懂得更多心理知识的美德伦理学，却被来自现代心理学阵营的"正规军"从背后打了个措手不及。在此意义上，心理学的情境主义是令美德伦理最为难堪的敌人。

对于围观这场争执的普通人来说，情境主义的攻击套路也许太过专业，而且在一定程度上与人们有关美德的日常观念存在隔阂，因此，心理学的批评虽然火力很猛，但对于削弱美德伦理学的支持力量而言，并无太大效果。真正会让普通大众觉得美德伦理学不值得拥护或赞同的，其实是美德伦理的某些内在缺陷，尤其是它在提供正确行动指南这个问题上的"先天不足"。与规则伦理学相比，美德伦理学的确没有把关注核心放在道德行为者的行为上。它所提供的那些用以指导和规范人们言行的具体命题——比如，"像一个有美德的人那样去做""纯粹出于内在力量而开展仁慈之举"——也往往显得不甚明朗、不够确定，甚至不切实际。无论是"以幸福为前提""以行为者为基础"还是"以目标为中心"，这些来自美德伦理学的行动方案，都或多或少地缺乏详细的操作手册，因而让人捉摸不定。固然，直接提供行为准则并不是美德伦理的长项，甚至都不是它优先考虑的主题，然而在规则伦理学已经凭借提供行为指南而赢得广大听众的情况下，美德伦理学如果还不抓紧时间认真对待这一问题，那么它在这场交锋中将付出支持率急剧下降的沉重代价。可以说，美德伦理学关于正确行动问题的论证不足是其自身最深层的敌人。

美德概念需要挂靠功利或义务才能被解释，这削弱了美德伦理的独立性；美德心理遭到情境主义实验的否认，这消解了美德伦理的实在性；而对于正确行为的指导表现乏力，则显示出美德伦理的有限性。然而，这一切都比不上美德伦理在现代社会所面临的真实的脆弱性。毕竟，美德伦理及其相关学说，就跟所有的道德理论一样，只是上层建筑的一部分；它们必定以这样或那样的方式受到现实生活的制约。如果现代社会的实际生活方式已然改变，基本生活结构已然迁移，大众生活目标已然调整，那么，这势必会影响甚至决定道德哲学本身的发展逻辑。无论是作为美德伦理学的支持者还是反对者，我们其实都必须承认，现代社会已经和那个培育美德伦理的古代社会大相径庭了；许多在柏拉图、亚里士多德、斯多葛派甚至康德和密尔眼里不言而喻、脱口而出的命题，在我们当今却变得那么陌生，那么突兀，那么难以证明。20世纪的美德伦理学对于规则伦理学的反抗，也许在道德哲学的脉络上是如此自然，但是在道德生活的线索中却常常遭遇尴尬。毋宁说，我们的现实生活既是美德伦理学赖以兴起的依据，但也是美德伦理学自我发展与自我证明的最大敌人。

  毫无疑问，如上四个方面正是当代美德伦理学的四大障碍与挑战。因此，如何回应和解决它们，如何"击退"它们的进攻，便成为当代美德伦理研究的"头等大事"。任何关注美德伦理并已经或即将投身这项研究的人们，都应该认真思索这些问题并给出自己的回答。当然，随着研究的深入，我们也许会发现，这些貌似凶悍的"敌人"其实只是有待理解和吸纳的"他者"。正如美德伦理永远不能完全替代其他的道德知识、心理知识和社会知识一样，后者也永远无法取消前者。一种更有价值的立场是，让"交锋"变成"交流"，让不同的理论能够共同地为人类的美好生活贡献力量。但无论如何，在这个美德伦理学刚刚复兴的时代，多了解一下理论对手的思路，多保持一份倾听批评的姿态，多追问一句美德伦理的独立性与合法性到底在哪里，将会有助于这种道德哲学向纵深前行。

附录 I

"仁者不忧":美德伦理视野中的儒学问题*

李义天

美德伦理学的复兴是当代伦理学的重要事件。经过美德伦理学者半个世纪的努力,关于美德理论的研究和探讨俨然改变了当代伦理学界,尤其是当代西方伦理学界的知识版图和思想景观。然而,作为中国学界的观察者和思考者,美德伦理学的积极发展,不仅让我们注意到西方伦理学体系更加多元的可能性,并且在西方道德哲学的语境中获取更加丰富的思想资源,更重要的是,当代美德理论的诸多元素足以构成一种镜像或参考系,帮助我们重新反观中国哲学的相关知识。对中国学者来说,从美德伦理的视野反观中国哲学问题,将当代美德伦理学同中国传统(尤其是儒家)的相关学说进行对比——或比较两者之异同①,或借此讨论儒家思想资源的美德论含义及其现代转化的可能②——无疑是十分重要也十分必要的题中

---

* 本文首次发表于《吉首大学学报》2012 年第 6 期。

① 比如余纪元:《德性之镜:孔子与亚里士多德的伦理学》,林航译,中国人民大学出版社 2009 年版;万俊人:《儒家美德伦理及其与麦金太尔之亚里士多德主义的视差》,载《中国学术》2001 年第 2 期;等。

② 戴兆国:《心性与德性——孟子伦理思想的现代阐释》,安徽人民出版社 2005 年版。沈顺福:《儒家道德哲学研究:德性伦理学视野中的儒学》,山东大学出版社 2005 年版。

应有之义。在此过程中,尽管部分中国学者更倾向于强调二者的差异,甚至认为儒家学说要优越于或超越于美德伦理,但是,诸如此类的断言似乎更应该建立在对于当代美德伦理学框架的基本准确的理解和判断之上。因此,在全面、宏观地把握西方美德伦理与儒家道德理论的整体异同的同时,我们还需要从细微处着手,看看中国哲学有可能在哪些命题或判断上能够与美德伦理学构成呼应之势。

这样,我们的分析就将成为一种比较研究,从而要求必须兼顾两方面的问题:一方面是,持守美德伦理学的基本理论特征,即,美德伦理学对于"行为者"的强调。也就是说,我们的分析必须承认美德理论关于行为者的目的论框架,必须更加注重行为者的内在品质和存在方式,必须直面行为者的理性、情感、欲求等全方位的心理状态。另一方面,深入儒学的经典文本,通过分析其中的具体命题来考察儒家思想究竟在何种程度和意义上能够匹配上述基本特征。为此,本文试图通过针对"仁者不忧"及其相关命题的剖析,勾勒儒家思想的"行为者"要素,以澄清儒学在这个层面上与美德伦理学彼此沟通的可能性。

一、前贤之思

关于道德行为者的理想人格,孔子在《论语》中两次提到,它应当是一种兼具"知者不惑,仁者不忧,勇者不惧"的形象。(《论语·子罕》《论语·宪问》)而在这三种品质中,"仁"无疑处于优先地位。孔子说:"择不处仁,焉得知?"又说:"仁者安仁,知者利仁。"(《论语·里仁》)可见,较"知"而言,"仁"更具本体意味;较"知者"而言,"仁者"心态更沉静,人格更饱满。至于"仁"与"勇"的关系,孔子则有更直接的论述:"仁者必有勇,勇者不必有仁。"(《论语·宪问》)在孔子看来,"勇"需要置于"仁"的规约之下,否则"勇而无礼则乱"(《论语·泰伯》)。因此,要洞察儒家理想人格——君子——的具体内涵,我们必须对其中最关键者,即"仁者不忧"命题做充分理解。其中不仅涉及仁者/君子的整体形象是怎样的,而且涉及他所表达的各种"不忧"的心理状态又是怎样的,更重要的,它还涉及这些心理状态所反映出来的行为者的存在方式和发展方式。

按照中国哲学的治学方式，我们有必要首先梳理一下前贤关于《论语》上述"知者不惑，仁者不忧，勇者不惧"命题的解说和注疏。

荀悦在《申鉴·杂言下》中说："君子乐天知命，故不忧；审物明辨，故不惑；定心致公，故不惧。若乃有所忧则有之，忧己不能成天性也。惧己惑之，忧不能免天命无惑也。"① 荀悦的解说不仅解释了仁者不忧的理由，而且提到了仁者之所忧。这意味着，我们从一开始就不能局限于仁者之不忧，而必须将其与仁者之忧综合起来，从而完整地理解儒家的道德行为者的心理状况及其存在状况。而邢昺在注疏《子罕》篇时说："此章言知者明于事，故不惑；仁者知命，故无忧患；勇者果敢，故不恐惧。"② 其后，他在《宪问》篇的注疏中又指出："仁者乐天知命，内省不疚，故不忧也。"③ 但是，荀悦和邢昺的看法都存在一个尚不明确的地方，即，乐天知命为何就能不忧？虽然他们都强调，不忧是因为行为者出于对天命的通达和领悟，但这其间似乎仍需要进一步的论证。

朱熹对《子罕》篇的解释是："明足以烛理，故不惑；理足以胜私，故不忧；气足以配道义，故不惧。此学之序也。"④ 对于改变了顺序的《宪问》篇，他引尹氏的话说："成德以仁为先，进学以知为先。故夫子之言，其序有不同者以此。"⑤ 作为理学者，朱熹认为，仁者之所以不忧，是由于"理足以胜私"。换句话说，朱熹把"忧"定义为出于私欲的忧虑烦躁，而人必须要摒弃私欲，方可达到天理充裕心中而无私念嘈杂的"无忧"状态。这当然同其理学的思想背景和价值体系有关。然而孔子所说的仁者，除了是一个超越个体私利的"不忧者"，还是一个忧己忧人的"忧者"。后者之忧，不仅不能用"私欲"来说明，而且表明，作为理想行为者的仁者还必须保留或持有某种真切的忧虑之情。

---

① ［清］刘宝楠：《论语正义》，中华书局1990年版，第358页。
② 十三经注疏整理委员会：《论语注疏》，北京大学出版社2000年版，第137页。
③ 十三经注疏整理委员会：《论语注疏》，第223页。
④ ［宋］朱熹：《四书章句集注》，中华书局1983年版，第116页。
⑤ ［宋］朱熹：《四书章句集注》，第156页。

黄式三的《论语后案》引《春秋繁露》指出:"仁者憯怛爱人,谨翕不争,好恶敦伦,无伤恶之心,无隐忌之志,无嫉妒之气,无感愁之欲,无险诐之事,无辟违之行,故其心舒,其志平,其气和,其欲节,其事易,其行道。"① 这就是说,仁者心平气和,胸怀坦荡,不会大费周折,挖空心思地去算计别人,在道德上循正而行。然而,这里只谈到了因为什么而"不忧",却并没有正面回答"不忧"的对象是什么。

通过简要分析前人对"仁者不忧"的解说,我们可以发现该命题内涵的某些基本指向,但是作为从美德伦理学的视野切入的研究思路,我们还需要对这种行为者的形象及其忧与不忧的心态予以更详尽的剖析和更深入的考察,并且使之能与孔子的整个思想有所贯通。

二、非仁者之忧

《论语》提到"忧"共15次。按主体来分,这15次可以分为仁者之忧和非仁者之忧。后者分布在《为政》《雍也》《颜渊》《卫灵公》《季氏》(2次)等章节中。

在《雍也》篇中,孔子感叹颜回"一箪食,一瓢饮,在陋巷,人不堪其忧,回也不改其乐"。这里的"人"是与颜回在理想旨趣和人格修养方面相反的人。他们所不堪忍受的忧虑是贫困的物质生活条件。而孔子的感叹,正是通过一番对比,来肯定颜回不以此为忧的态度:"言回居处又在陋巷,他人见之不忍其忧,唯回也不改其乐道之志,不以贫为忧苦也,叹美之甚,故又曰贤哉回也。"② 单纯关注饮食家居,为生存的物质条件而忧,实质是对人的肉体愉悦的关注。而这只能说是关注身体,却不能说是关注生命。关注生命,才是仁者之爱。仁者之爱人,正是在于道德修为和人格境界的提高,而不是(或者说,不仅仅是)为了肉体的维系或享受,故而才有所谓"志士仁人,无求生以害仁,有杀身以成仁"(《卫灵公》)的说法。

---

① 程树德:《论语集释》,中华书局1990年版,第625页。
② 十三经注疏整理委员会:《论语注疏》,第83页。

如果我们比较严苛地将那些为肉体愉悦而忧者称作"小人之忧",那么《颜渊》与《季氏》中的司马牛之忧和季孙之忧则似乎并不能如此定义,因为前者是孔门弟子,而后者按礼制的说法当为"大人"。具体到各自语境而言,司马牛的忧愁是由于其兄"桓魋行恶,死亡无日"①,他"忧其为乱而将死也"②。也就是说,兄弟的不义之举以及必然覆灭的悲惨下场构成司马牛之忧。而在《季氏》篇中,通过孔子和冉有的对话所表述出来的"季孙之忧",则完全是对政治地位和身家性命的担忧——季氏担心颛臾的日益强大会威胁到自己家族的地位,成为他的后代继续保持显赫地位乃至生存的心腹大患。可见,对性命之灾的恐惧,即对死亡的恐惧,是这两者共同的忧虑之处。虽然担心的已经不是切身的生活利益,但这种焦虑依然局限于本族之内,局限于一般人的生死观念之中。

同样,孔子在《为政》篇中回答孟武伯时所提及的"忧",无论是指"父母只用得着担心孩子的病",还是"孩子完全担心父母的病",也仍是日常生活中的世俗之忧。③ 对自己血亲的健康状况的关注,固然出于人之常情,但在这里却似乎并没有被孔子提升到一种理想行为者的道德水准上(至多只能算是儒家道德的**出发点**)。而一个人如果不能像君子/仁者那样具备开阔的眼光和超越的境界,他似乎将会执着于营苟琐事,纠缠于切身得失,敏感于肉体的生死病痛。

可见,至少在《论语》的文本中,非仁者所表现出来的"忧"往往表现为"患"和"畏"。"患"是"患得患失","畏"是对"得到或失去"之不可捉摸性的恐惧感——或是担心自己没有较好的物质生活条件,或是忧虑家族的衰败和血亲的亡故,而更深层的是恐惧于死亡的不可抗拒。正因为对生活和死亡缺乏一种更超越和高迈的视野,所以一般的行为者才会把肉身的存在及其愉悦看得很重,才会把名利、地位的获取、保持以及家

---

① 程树德:《论语集释》,第830页。
② [宋]朱熹:《四书章句集注》,第134页。
③ "父母为其疾之忧"存有两说:王充《论衡·问孔篇》:"武伯善忧父母,故曰唯其疾之忧。"《淮南子·说林》高诱注曰:"父母唯其疾之忧,故曰忧之者子。"而马融说:"言孝子不妄为非,为疾病然后使父母忧。"朱熹注曰:"言父母爱子之心无所不至,惟恐其有疾病,常以为忧。人子体此而以父母之心为心,则凡所以守其身者自不容于不谨矣,岂不可以为孝乎?"

族传承视为要义，才会在物质层面上计较得那么认真。而作为理想行为者的仁者，爱惜肉身固然是其"仁爱"的题中应有之义，但他的思想境界并不固执于此，所以仁者并不以此为忧；他的忧与不忧的心理状态，跟一种更宏大的生命结构和存在依据相关。详述如下。

三、仁者之不忧

除去6处"非仁者之忧"，剩下的9处"仁者之忧"又可分成"忧"与"不忧"两种情况。其中，仁者之不忧共7次。如果不计在《子罕》《宪问》篇中被两次提到的"仁者不忧"，另有5次分别出现在《述而》《颜渊》（3次）和《卫灵公》等篇章中。

《述而》篇里所涉及的仁者不忧，是孔子对自己的一番描述："其为人也，发愤忘食，乐而忘忧，不知老之将至云尔。"所谓"发愤忘食"，《大戴礼记·制言中》云："是故君子思仁义，昼而忘食，夜而忘寝。"① 由于君子全身心都投入学道思仁之中，故对饮食起居的外在条件便无所计较，虽"饭疏食，饮水，曲肱而枕之"，也不能影响到一名仁者在对道的体察和求索中的精神沉醉和人格愉悦，故而"乐亦在其中"。好学的快乐可以让人忘却本叫人忧愁的对象，即"老之将至"。可见，这里的仁者所"乐而忘忧"的东西，其实同前述"非仁者之忧"所指向的是同一类对象。只不过，关键在于两者态度的不同——前者因为有更长远和持久的追求而忘记死亡的逼近；后者则因为执着功利境界，眼光阈于当下的索求，所以总是在窥探衰老是否来临。

孔子的快乐不仅仅是好学带来的。由于孔子所好者并非事功之学，因此他的"所学所求"也在给他带来超越现实层面——"道"（天道）——的理解及其快乐。对天道和天命的叩问与参悟，将人的精神提拔到一个境界，冲淡了对"物"与"我"的逝去的恐惧。在洞穿世间的浮云和人生的局限之后，会知道应当追求什么，应当如何为人，把自己的人生轨迹同天地大道相契合的自觉状态，将是作为一个"人"的最大快乐。如

---

① 杨树达：《论语疏证》，上海古籍出版社1986年版，第165页。

牟宗三所言:"与天地合德,就是说要与天地同有创生不已的本质。用今日的语言解释,就是要正视自己的生命,经常保持生命不'物化'(materialization),不物化的生命才是真实的生命……此生命当然是精神生命,不是自然生命。"① 精神境界的拔高使人乐天知命,尽管身体上的衰老依旧会到来,但君子却已然忘怀。所以刘宝楠说:"'乐而忘忧'者,谓乐道不忧贫也。'不知老之将至'者,言忘身之老,自强不息也。"②

在《颜渊》篇中,孔子告诫司马牛,君子的"不忧"在于自我的"内省不疚"。正如前文已提到的,司马牛的忧虑是来自于其兄性命不保,而孔子的开导则似乎是试图将其关注焦点从桓魋拉回到司马牛自己身上,从外在旁人的性命之虞拉回到对于自我的言行与内心是否合于义的反省。包咸、朱熹等人认为,这句话是在劝司马牛,如果自己做到"内省不疚,无恶于志"(《中庸·右三十二》),就无甚可忧了。然而,这种解读却留下了很大破绽,正如刘宝楠所质疑的那样:"牛之为弟,岂得漠然无动于心?孟子曰:'越人关弓射我,我谈笑而道之;其兄关弓射我,则己垂涕泣而道之。'如此乃为亲亲,乃为仁。今牛因兄为乱,常致忧惧,乃人伦之变,人情之所万不能已者,而夫子解以'不忧不惧',是以教牛以待越人者待兄也。悖义伤教,远失此经之旨。"③ 对于刘宝楠的看法,虽然程树德并不认同其结论,但他也不得不按另一种思路注解此章:"不忧不惧,即孟子所谓不动心。……盖乐虽未必为善,而忧则无不为恶者,孔子所以言'君子坦荡荡,小人长戚戚'也。"④ 而《松阳讲义》的解释似乎更直接:"君子所以异于人者,以其心常泰然。世间可忧可惧之事最多,而不能以累君子之心。处平常之时,有得失之可忧也,君子则得失当前,不忧不惧。处变故之时,有利害之可忧惧也,君子则利害当前,不忧不惧。或以不忧惧而听天下之纷纭,或更以不忧惧而消天下之祸变,故恒人终身扰

---

① 牟宗三:《中国哲学的特质》,上海古籍出版社1997年版,第30页。
② [清] 刘宝楠:《论语正义》,第270页。
③ [清] 刘宝楠:《论语正义》,第487页。
④ 程树德:《论语集释》,第828页。

扰于忧惧中者,君子止见其坦荡荡而已。"① 可见,要达到"不忧不惧",不仅要在具体行动上发于仁而合于义,更要有一种了悟天地的坦荡情怀,要在认知和心态上有一种更宏大的结构和更超越的境界,由此才能做出"虽死生之变,怡然处之"② 的恰当反应。

从这样的层面出发,仁者即便面对血亲的亡去也能够达至一种合理的"不忧"。不仅如此,具体到司马牛的情况而言,从孔子所坚守的道义原则出发,也能够论证他何以应当"不忧不惧"——桓魋作乱,覆灭是其不义之举的必然下场。虽然他是司马牛的血亲,虽然孔子的仁学要求人们首先应当爱其亲人,但君臣之义却在孝悌之上;亲人犯上作乱,违义悖仁,已经超出了家族内部的伦理范围,这时就应当让社会秩序的尺度从家族仁爱的情感中凸现出来,成为优先的准则。孔子的"仁爱"固然建立在亲缘纽带上,但这样的构建正是为了突出"仁爱"的等差性,而等差性已经意味着"仁爱"包含着某种应当的秩序。所以"仁者爱人"还应当看看这种仁爱是否在等差框架之中。如果行为者违背了等差所属,打破了"应当"的秩序,那么他首先面对的是道德的规训,而不是考虑一家之私。所以,孔子的"仁爱"概念虽由亲情出发而层层上推,但层次愈高,其道德涵括力反而愈大。从修齐推治平,或从父子推君臣,乃至从内圣推外王,前者作为出发点固然具备基础意义上的优先性,但孔子的理论归宿却是为了后者的实现,所以社会的整体和谐这一目标更为高远。在这个意义上,仁者所具有超越常世的天地意识和道德系统使其"不忧"。

在《卫灵公》中,仁者之"不忧"同样针对的是物质条件,即"君子忧道不忧贫"。而这同样是因为这种行为者的精神层次使之乐天知命,因而不在意当下生存的物质条件,自然不会为贫寒所困。甚至可以说,在仁者眼中,所谓"贫"或"老"都已不成其为"贫"或"老"了。但值得一提的是,这里的"不忧贫"与"书中自有黄金屋"之类说法中所蕴含的"不忧贫"心态完全不同——前者是基于生活阅历和求学过程之上的生

---

① 程树德:《论语集释》,第 829 页。
② 程树德:《论语集释》,第 828 页。

命体悟,需要通过学习而达至不惑,是一种洒脱的"不以为忧"。而后者作为劝导少年专心求学的激励之语,恰恰是以物质愉悦为读书的目的和前提的;似乎只要书读好了,自然有功名利禄,故而仍是一种居于物质的"不必忧"。

综上而言,仁者之"不忧"是建立在超越的人生境界上的。这种超越既有本体意义上的,也有道德意义上的。对物质利益的超越,使得君子因不觉贫而不忧;对世俗生死的超越,使得君子因不知老而不忧;对局部亲缘关系的超越,使得君子因不感疚而不忧。

四、仁者之忧

在精神和心态上超越物质层面不等于抛弃现实的世界。冯友兰指出,"孔子所体验到的超道德价值,和道家所体验到的并不完全一样。道家完全抛弃了有理智、有目的的天的观念,而代之以追求与混沌的整体达到神秘的合一"①,而儒家所认识、所体验的超道德价值距离人伦日用却并不远。对儒家来说,需要探讨的不是要不要世俗的生活,而是如何在世俗中生活。参悟天地的道德秩序之后,以挺拔的君子人格积极投身和参与生活世界的变迁,正是儒家与道家在行动上的关键分野。仁者之不忧,无论是因为"不觉贫"还是因为"不知老",都是基于他对更高层面的人生使命的洞察与理解。只不过,这种人生使命虽然具有一种更加超越也更加抽象的形上支撑,但总是落实于人世的日常生活结构之中。这样,即便仁者可以凭借上述精神境界而对某些生活内容表示不忧,但只要他仍然是经验世界中的有限行为者,他就不得不对另一些生活内容表示忧虑,亦即,在他崇高的精神境界与入世的实际行动之间的紧张状态。毋宁说,这些忧虑与该行为者对于前述内容的不忧是仁者精神境界一体两面的必然反映。

对儒家来说,体察天道之命不在深山老林,而在日常生活的道德修为之中。处于现实的感性世界,当然会面对物质的引诱和生死的焦灼,而君子之为君子就在于,他在入世之间依然保持着高远与不朽的超越情怀:

---

① 冯友兰:《中国哲学简史》,北京大学出版社 1996 年版,第 42 页。

"他们正视道德人格的生命,使生命'行之乎仁义之途',以精神生命的涵养来控制情欲生命。"① 但是,所谓"控制"却恰好意味着现实状况的不完备,儒家的道德行为者必须时刻保持警醒,远离那些较低层面的羁绊,而又同时勉力向更高层面攀登。因此孔子说:"德之不修,学之不讲,闻义不能徙,不善不能改,是吾忧也。"(《论语·述而》)修德、讲学、徙义、向善而改,这不仅需要在日常生活中身体力行,而且需要持之以恒地身体力行。只有通过如此经验的实践过程,才有可能修正自身原先的不完善,从而逼近和逐渐体味到"乐天知命"的通达状态。

在经验世界中面向应然状态的发展过程,总会使行为者遭遇心理惰性;而对自己与更高远的目标之间差距的时常关切,也会不可避免地使一个自觉追求道德修为的行为者深感忧虑和操劳。所以,孔子之忧,"忧在修身也……夫子常以此四者为忧忧己。恐有不修不讲不徙不改之事,故云吾忧也"②。可见,精神境界面向更超越的层次,这虽然一方面散淡了因为操心日常利益或肉身生死而来的世俗之"忧",但另一方面也迫使行为者在修为过程中不得不面对那种因不断的自我反省而带来的心灵之"忧"。正如《大学》所云:"所谓修身在正其心者,身有所忿懥,则不得其正;有所恐惧,则不得其正;有所好乐,则不得其正;有所忧患,则不得其正。心不在焉,视而不见,听而不闻,食而不知其味。此谓修身在正其心。"(《大学·右传之六》)在这个意义上,与其把"仁者/君子"设定为某种已经实现了的理想范型,不如说所谓"仁者/君子"是对一种突破功利、扬弃现实、合于天道的人生状态的过程描述。与其说仁者已经全然乐天知命,正心合义,忘却老之将至,不如说他们是在对这些东西孜孜以求。对于每个认同这种人格的行为者而言,他们需要在生活中磨砺、修炼从而不断逼近。这就是"自强不息"的过程。所以,作为仁者/君子的道德行为者,是一个修道者,而不是一个得道者(圣人)。

因此,从"非仁者之忧"到"仁者之不忧"再到"仁者之忧",我们

---

① 牟宗三:《中国哲学的特质》,第11页。
② 十三经注疏整理委员会:《论语注疏》,第94页。

看到的是一段历经扬弃的道德曲线和君子人格的昂然呈现。非仁者所忧之物,正是仁者所不忧之物;两者所指向的对象一致,但态度迥异。而仁者所忧之物,则与前两者不同;它是道德行为者在扬弃过程中,在对高尚的生活目标的追求过程中所生成和感受的心理纠结。与前两者不同,这种忧虑的对象不是具体的实物,而是一种关系,一种在更超越的目光与更深广的情怀中反观并且介入现实才能体察的紧张关系。

五、结语

从"仁者不忧"及其相关命题的讨论中,我们通过分析其心理状况而引申得到一种具有超越情怀与境界的道德行为者形象。而如果从美德伦理的视野来看,这种行为者形象及其通过上述命题的呈现方式,无疑可以印证某些儒学思想所具备的美德论特征。

第一,仁者的忧与不忧,都是建立在儒家关于自我发展、自我成就的一种哲学设定的基础上。如前所述,仁者之所以忧,是因为他的现实之所是与其目标之所是存在一定距离和紧张感,而仁者之所以不忧,则是因为他的目标之所是又足以为其提供一种更宏大高远的生活意义,从而使其忽略甚或消解他的现实之所是的部分物质性因素。因此,从"仁者不忧"的相关讨论中,我们可以看到,仁者的自我设定及其发展轨迹,典型地表现出一种从"实际之所是"朝向"应然之所是"的目的论特征。而该特征正是美德伦理学的主流思路(即,亚里士多德主义)所采取的基本框架——亦即,麦金太尔所指出的,"偶然所是的人与实现其本质性而可能所是的人之间有一种根本的对比",而"伦理学就是一门使人们能够理解他们是如何从前一状态转化到后一状态的科学"。[①] 在这个意义上,"仁者不忧"的儒学命题不仅能得到一种美德伦理学的理解,而且也能为这种首先表现为西方知识体系的伦理学框架提供一种中国式的阐发。

第二,我们对"仁者不忧"的理解,也并非仅仅关注其"不忧"的一面。正如上文已展示的那样,对仁者的完整理解,必须也必然是建立在既

---

① [美] 麦金太尔:《追寻美德》,宋继杰译,译林出版社2004年版,第67页。

了解其"不忧"又了解其"所忧"的综合基础上。在美德伦理学看来,对一个道德行为者的设定,应当尽可能是全面而完整的。美德伦理当然追问道德行为者的生存目的并且试图发现他的"应然之所是",但是,这种作为生存目的的"应然之所是",至少在心理上,绝不仅仅意味着"不忧"的愉悦状态。毋宁说,美德伦理学视野中的"仁者"理应是对"该不忧"的对象表示"不忧",而对"该所忧"的对象表示"所忧"。这种理想的道德行为者只有同时做到这两点,恰当地处理了同"不忧"和"所忧"之间的双重关系,他才能在某种程度上被称作实现了自己的"应然之所是"。

第三,正如我们所熟知的,对道德心理的重视,尤其是对道德心理与道德行为者之间密切关系的强调,是美德伦理的基本要义。换言之,与规则伦理学明显不同的是,美德伦理学特别希望通过深入行为者的心灵活动来把握行为者的思想立场和存在立场。这也是为什么美德伦理学特别强调内在品质以及作为思维模式的实践智慧,并总是力图由此引出自身诉求的根本原因。而在儒家学说中,道德行为者的形象与其道德心理同样也密切相关。在儒学传统中,道德行为者的一项重要的实践使命就是"齐心"或"正心"。而具体到本文的论题而言,我们实际上正是从仁者的忧与不忧中来界定和理解仁者,而从非仁者的忧与不忧中来界定和理解非仁者的。也就是说,在这里,我们是根据行为者的心理状况和对象指向来判断其基本立场的。如果不能理解仁者之不忧的原因,不能理解仁者之所忧的诸种对象,我们也就不能理解仁者的特征。当然,在儒家经典中,用于界定和说明仁者之特征的说法很多,但是至少在"仁者不忧"命题中,仁者的形象主要是通过他的心理状态和取向获得建构的。

第四,心理因素固然重要,但它只是美德伦理学奠定自身理论基础并展现出一种与众不同的论证思路的出发点。从整体上来说,美德伦理的学术抱负在于,通过诉诸行为者的心理和内在性,谋求一种统摄知与行、情与理的完整的伦理学说,从而为行为者发现、建构其生活意义和生活设想提供一种有价值亦有可能的哲学方案。上述有关"仁者不忧"的讨论尽管有可能给人留下一个仁者重视精神境界的印象,但这并不代表仁者就是沉浸于玄思和冥想的人。相反,这种行为者必须在积极入世的实践过程中,借助"三戒""九思""日三省"等具体行动来实现他所追求的那种境界。因此,有关仁者忧与不忧的讨论,并不是意味着儒家的道德行为者只看重心灵不看重物质,或是只看重应然不看重实然。毋宁说,儒家是希望树立一种更加高远宏大的生活意义及其相应的精神境界,从而帮助行为者调整他们在世俗生活中的行为重心,筛选他们在日常经验中的行为选项。而这一切有关知与行的努力,都是为了朝向那个完整而高尚的目标,实现其自我成就的圣贤境地。

附录 II

美德伦理的道德理由及其基础
——关于亚里士多德主义与儒家伦理的比较*

李义天

一、比较的可能

严格来说,"美德伦理学"(virtue ethics)是一个只可能在现代语境中才会出现的概念。对亚里士多德这样的古代思想家来说,尽管是从行为者内在品质的角度出发,从美德与人的自我完善的关系出发来讨论道德问题,然而在他的头脑中,绝无可能出现一个专门的"美德伦理学"概念。因为以上述方式进行的道德哲学探究,在他看来,就是"伦理学"本身,而不是与其他类型相对应的一个伦理学分支。我们之所以常用"美德伦理学"来称呼亚里士多德主义,恰恰是我们的道德观念接受了(至少经历了)启蒙时代以康德主义、功利主义、休谟主义等立场为代表的规则伦理学(rule ethics)的洗礼之后的结果。正因为在我们的思想脉络中,已经存在这些更强调行动指导功能、更强调正确行动的必然性与义务性的道德理

---

* 本文首次发表于《道德与文明》2016年第1期。

论,所以,当有所反思并回顾伦理学史时,我们才会特别在意古代思想的不同之处,并以其中尤为突出但在现代道德哲学中却日益边缘化的关键词——"美德"——来界定这种伦理学。

把亚里士多德主义视作"美德伦理学"的典范,还只是西方伦理学的内部问题。毕竟,现代西方学界所讨论的美德伦理学,很大程度上确实是对亚里士多德主义的重新发现与开掘。但是,若要引入中西比较的维度而将中国的儒家伦理思想也视为"美德伦理学",则可能需要更多的谨慎。一方面,这是因为,在中国伦理思想史上,并没有西方启蒙以降的现代道德哲学意义上的"规则伦理学"。因此,将儒家伦理思想视作"美德伦理学",在根本上,就不可能是中国伦理思想进行内部比较或对照的结果。毋宁说,这种看法是在西方学界的美德伦理学概念出现并形成规模之后,引入中西比较的维度而得到的映射产物。与西方伦理学内部出现的"现代道德哲学(规则伦理学)—亚里士多德伦理学(美德伦理学)"的直接对应关系相比,"亚里士多德伦理学(美德伦理学)—儒家伦理学(儒家美德伦理学)"的映射关系显然具有跨文化的间接性。另一方面,纵然我们在宽泛意义上理解"规则伦理学",将其定义为一种注重和强调规则的核心地位并试图构建普遍必然的行为规则的道德理论,从而可以大致地将(比如说)中国的法家思想看作一种规则伦理学的可能形态,我们也依然不能将儒家伦理完全等同于美德伦理学。因为即便在儒家伦理内部,也包含着规模庞大的关于行为礼数与行动原则的观点。《礼记》明确告诫人们:"道德仁义,非礼不成。教训正俗,非礼不备。分争辩讼,非礼不决。君臣、上下、父子、兄弟,非礼不定。宦学事师,非礼不亲。班朝治军,涖官行法,非礼威严不行。祷祠祭祀,供给鬼神,非礼不诚不庄。"(《礼记·曲礼上》)就此而言,儒家伦理不可简单地被纳入"规则伦理学—美德伦理学"的框架来分析。而这种不适用状况,在某种程度上,恰好说明儒家伦理相对于上述框架的超越性。①

---

① 将儒家伦理视作美德与规则的统一,是对这种超越性的最常见理解。参见刘余莉:《儒家伦理学:规则与美德的统一》,中国社会科学出版社 2011 年版。

尽管如此，根据西方学界广泛认定的美德伦理学的基本特征——"(1) 一种'以行为者为中心'而不是'以行为为中心'的伦理学；(2) 它更关心'是什么'，而不是'做什么'；(3) 它着手处理的是'我应当成为怎样的人'，而不是'我应当采取怎样的行为'；(4) 它以特定的德性论概念，而不是以义务论概念为基础；(5) 它拒绝承认伦理学可以凭借那些能够提供具体行为指南的规则或原则的形式而法典化"[①]——人们似乎倾向于认为，如果可以用"规则伦理学—美德伦理学"的框架来打量的话，那么，注重心性培养和人格完善的儒家伦理似乎总会与美德伦理学有着较多一致，而与规则伦理学有着较明显的疏离。虽然不能断言儒家伦理就是"美德伦理学"，但我们可以说，儒家伦理中有部分内容非常接近"美德伦理学"，或者说，儒家伦理包含着"美德论/德性论"层面。而且，这一层面在其整体格局中处于非常基础的地位，以至于即便是儒学中有关行为规则的设定也往往要回到这一层面来说明。

况且，就算我们不去争论"儒家伦理是否就是美德伦理"而单单关注这两种代表各自文化典型的伦理思想立场的基本特征，也足以展开比较。因为只要它们堪称成熟的伦理学类型，那么，它们将会面临诸多有待回答的共同的基础性问题。其中就包括，它们作为伦理学理论所必须应对的根本任务，即，不是考虑提出怎样的道德要求，而是考虑如何论证这些道德要求背后的道德理由，考虑如何能将道德理由奠基于合理的基础，从而构成有说服力的立场。[②] 因此，无论亚里士多德主义的美德伦理学与儒家的美德论述在哪些方面谈得上（或谈不上）异同，对两者围绕伦理学之根本任务所给出的论述进行比较，总是可行的。所以，接下来考察的问题便是：在一般意义上，(1) 亚里士多德主义与儒家提出了怎样的道德理由用以支撑各自的道德要求？(2) 它们又是如何证明这些理由的恰当性与必然性的？

---

① Rosalind Hursthouse, *On Virtue Ethics*, p. 25.
② 详见第二章。

二、道德理由的规范性与激发性

为了让行为者理解和认同道德要求,任何道德理论都必须提供看起来充分有效的道德理由。所谓"充分有效",意味着这些理由既具有规范性又具有激发性——"规范性"侧重于揭示一条理由的道德正当性与合理性依据,"激发性"则侧重于描述一条理由实际产生的驱动效应——从而能够恰当有效地构成动机。

就西方伦理学的基本类型而言,无论康德主义、功利主义还是休谟主义,从它们自己的视角看来,其理由都是有激发性的。比如,一个坚信人类是理性存在物以及理性自主性的行为者(康德主义者),当他确信行动 A 可以成为所有的理性行为者都将采取的选择时,他会仅仅因为该行动具备这种"可普遍化"的特征而将其作为义务接受下来,同时形成"要这样去行动"的动机;在他看来,充分有效的道德理由是,"你应当采取行动 A,因为行动 A 可以成为一条可普遍化的行动法则"。类似的,一个坚信趋乐避苦的人性理论的行为者(功利主义者),当他发现并且确信行动 A 能为最大多数人带来最大快乐和最小痛苦时,也会十分自然地在内心产生相应的行动念头;在他看来,充分有效的道德理由变成了"你应当采取行动 A,因为行动 A 可以实现最大多数人的最大快乐"。而那些认为真正能告诉我们要做什么的不是理性而是欲望的行为者(休谟主义者),则因为其基本理由——"你应当采取行动 A,因为行动 A 是可以实现你的欲望的途径"——的大前提本身就是具有动机效应的"欲望",所以愈发表现出直接的激发性。

然而,极具个体色彩的欲望不能保证一条理由就是合乎规范的"好理由"。[①] 尽管休谟主义强调,行为者采取行动 A 去实践某项规范,是因为他的欲望结构中本就对该规范有所诉求,但这顶多说明他的内心具有"好欲望"以及他的"好行动"很大程度上源于"好欲望",却不能由此排除他存在"坏欲望"以及因之产生"坏行动"的可能。况且,"好欲望"是否

---

① Donald Davidson, "Intending", p. 83.

出场亦不确定。也就是说，凭其激发性，休谟主义的理由"固然可以在化为动机后作为内在原因而引发行动，但它本身又有所以形成与发生的根源，并面临如何获得自身合理性（正当性）的问题"①。在其自身框架内，休谟主义缺乏足够的资源来"圆满地回答为什么我们会具有道德的欲望"以及"我们为什么应当具有道德的欲望"等规范性问题。②

休谟主义诉诸欲望，虽有激发性却失之于规范性，而康德主义和功利主义则相反。后两者的抱负在于，诉诸理性（尽管双方对理性有不同的看法）而确定普遍的规范性理由。就规范性而言，康德主义与功利主义显然比休谟主义更胜一筹。况且，在功利主义看来，既然功利原则建立在人性基础上，那么它不可能不激发动机；对康德主义来说，既然行动理由源于善良意志，那么当行为者决意"要让自己的行为准则同时成为一条法则"时，他在一念之间便也赋予了该行为规范性。在这个意义上，似乎可以说，康德主义与功利主义的理由同样具备激发性。

然而，关键不在于康德主义和功利主义"有没有激发性"，而在于它们"有多少激发性"。康德主义的理由当然会产生强大的激发性，但它是否在"探望生病朋友"这样的情境中依然有同等的激发性？③ 康德主义的理由当然可以在一个康德主义者（比如，去探望朋友的史密斯）身上实现规范性与激发性的统一，但它又是否以及如何适用于非康德主义者（比如，被史密斯探望的那位朋友）？若不是因为非康德主义者构成了日常的大多数，那位被探望的朋友以及我们这些旁观者又怎么会对史密斯的回答

---

① 杨国荣：《理由、原因与行动》。
② 亓学太：《行动的理由与道德的基础》。
③ 这里的讨论是基于本书第一章所引用的下述例证展开的："假设你在医院里，正从长时间的疾病中逐渐恢复。当史密斯再次来看望你的时候，你正处于十分郁闷、烦躁、无所适从的状态中。此时，你会比以往更加确信地认为，他是个好伙伴，是个真朋友——他穿过整个城镇，花了这么多时间来鼓舞你，等等。你情不能已地表达你的赞扬和感谢，可是他却抗议道，他一直是在尽力去做他所认为是自己责任的事情、他所认为是最好的事情罢了。一开始，你还以为他是在通过自谦、减轻道德上的负担的方式而讲客气。可是你们俩谈得越多，你就越清楚地发现，他是在讲真话，没有夸张：他来看你，实质上并不是因为你，并不是因为你是他的朋友，而是因为他认为这是他——也许是作为一个基督徒或者一个共同体成员或是别的什么——的责任，或者只是因为他知道没有人比你更需要鼓舞，而且更容易被鼓舞了。"参见 Michael Stocker, "The Schizophrenia of Modern Ethical Theories", *The Journal of Philosophy*, Vol. 73. No. 4, p. 462.

表示不解呢？若不是因为我们在直觉上已经把"探望生病朋友"的日常行为划为一种无须诉诸康德主义的情境，我们又怎么会通过这个例子来揭示康德主义在激发性方面的缺失呢？概言之，强调规范性的康德主义不是不能产生激发性，而是不足以在所有情境中产生激发性。"人类的动机心理学还没有表明，我们被激发起来按照道德原则行动方式，不管是在类型上还是根本上都不同于我们被激发起来追求'日常的'目的或目标的方式。这就是说，我们没有理由相信道德动机在结构上不同于日常的动机。"①

提升道德理由的激发性绝非易事，因为这要么需要改造行为者的主观动机集合，使之成为坚定的康德主义者或功利主义者，要么需要放弃康德主义或功利主义的理性主义诉求，使之成为坚定的休谟主义者。与之相比，在激发性得到一定保证的前提下考虑如何提升道德理由的规范性，或许更可行。这样，我们无须考虑如何让一个规范性理由构成动机，而只需考虑如何提升一个激发性理由的规范程度。就此而言，亚里士多德主义的美德伦理学提供了颇具启发的选项。

亚里士多德主义之所以成为美德伦理学研究的主要资源以至被视作美德伦理学的典范，并不是因为它不注重行为而只注重行为者，而是因为它注重行为与行为者的内在品质之间的因果联系。亚里士多德表示，像公正、节制这样的行为之所以正确，不仅因为它合乎规范，更因为它是由有美德的行为者做出的。只有当行为者出于公正、节制等内在品质而行动，他的行为才能被称为公正或节制；否则，这些行为只不过"看上去是"公正或节制而已。② 因此，在一个较为直接但也较为肤浅的层次上，亚里士多德主义的道德理由是："你应当采取行动 A，因为行动 A 是出于（诸如公正、节制等）优良品质的行为。"

然而，亚里士多德意识到，公正、节制仅仅是行为者经过教化而形成的自然品质。只有当这些自然的品质加上了理智，才使得行为不同，使得原来貌似（伦理）美德的品质成为严格意义上的（伦理）美德。③ 所以，

---

① 徐向东：《道德哲学与实践理性》，第 46 页。
② Aristotle, *Nicomachean Ethics*, p. 956.
③ Aristotle, *Nicomachean Ethics*, p. 1035.

亚里士多德主义的美德伦理学不能停留在描述优良品质的层面上，而必须将上述理由推进一步，说明优良品质何以是优良的。问题的答案即在于实践理性的一种特殊的运行机制，即"实践智慧"。亚里士多德表示，严格意义的（伦理）美德离开了实践智慧就不可能产生。[1] 美德伦理学只有建立在认知、推理和判断的基础上才堪称知识。我们也"只有首先理解'实践推理'才能理解'实践知识'的概念。而'实践推理'或说'实践三段论'……乃是亚里士多德最卓越的发现之一"[2]。它是行为者用于理解情境、做出判断并提供行动依据的思维机制。根据这种机制，出于优良品质而行动之所以是行为者应当做出的选择，是因为这些品质及其价值内涵构成了行为者的最终目的（幸福）——它是人所向往和欲求的"最高善"。于是，亚里士多德主义的道德理由被写作："你应当采取行动 A，因为行动 A 有助于你实现最高善（幸福）。"

与休谟主义的道德理由相比，亚里士多德主义同样表现出"目的—手段"结构。亚里士多德自己也承认，实践智慧考虑的只是手段，而不是目的。[3] 人们往往认为，这意味着实践智慧只是一种用于实现（某种特殊）欲望的工具合理性。然而，这种看法蕴含着一个未经批判的命题，即，实践智慧之所以不考虑目的，是因为它不在乎目的，所以它可能服务于坏的目的。但这种理解是错误的。因为在亚里士多德那里，实践智慧之所以不考虑目的，是因为它无须考虑目的，是因为以实践智慧的方式进行的思考已经蕴含"以善为目的"。换言之，实践智慧只可能是从善出发而展开的实践推理，否则便不是实践智慧。[4] 所以，在亚里士多德主义这里，欲望的内容要比休谟主义的严格得多：它不能是随意的"某件事"，甚至不能是随意的"某种善"，而只能是所有"善"中最高最完善者。因此，作为亚里士多德主义的道德理由之组成部分的那种欲望——"最高善（幸福）"——具有明确的规范性。它既是人想要追求的对象，也是人应当追

---

[1] Aristotle, *Nicomachean Ethics*, p. 1035.
[2] G. E. M. Anscombe, *Intention*, pp. 57–58.
[3] Aristotle, *Nicomachean Ethics*, pp. 969–970.
[4] Aristotle, *Nicomachean Ethics*, p. 1026.

求的对象;它不仅没有为"坏欲望"留下空间,甚至就连一般的"好欲望"也要受其约束。

三、亚里士多德主义道德理由的基础

亚里士多德主义被认为在道德理由的规范性与激发性的统一上具有优势,根本上,是因为它们建立在关于行为者的生存结构与心理结构的某种特殊想象的基础上。在亚里士多德那里,这种想象一方面体现为他关于人类本性/自然的断言,另一方面体现为他的灵魂学说。它们分别构成了亚里士多德主义道德理由的存在论基础与心理学基础。

在亚里士多德这里,"本性/自然"(nature)指的是存在者自然形成的原初构造、性状或特质。[①] 首要特点在于,它不会因后天经验而改变。在伦理学意义上,它区别于习俗、法律、规则等社会产物,以及这些产物施加于人而形成的各种随时而变、因人而异的存在方式或属性。其次,本性/自然的不变性不但贯穿于某个存在者,也体现在同类存在者的所有个体身上。所以,本性/自然是同类存在者共同持有的普遍特征。再次,本性/自然与人为因素的对比关系既意味着它的形成未经人力介入,也意味着它的运行超出了人力干涉的范围。不变性蕴含着必然性,即,本性/自然所规定的那些特质或性状,只要条件允许,就一定会发展出来。所以,本性/自然的不变性不是指存在者不发生变化,而是指存在者不会因自然因素以外的人为因素而变化。最后,本性/自然不是单一或统一的;在不同存在者之间,它表现为不同规定与变化形式。因此,本性/自然代表着一种必然的规定性,它揭示了该存在者同其他存在者的区别之处。概言之,本性/自然意味着不变性、普遍性、必然性与规定性。

"本性/自然"的适用范围极广,不但包括生命物,而且包括无生命物。"不同生命物具有不同本性/自然",这更多的是在"规定性"意义上讲。但若考虑到这个概念的前三种性质,就会发现,在普遍性与必然性的

---

① Nicholas Bunning and Jiyuan Yu eds., *The Blackwell Dictionary of Western Philosophy* (Malden, MA: Blackwell Publishing, 2004), p. 460.

意义上，它们的本性/自然基本相同——即，它们普遍受到动力因、目的因、质料因和形式因的支配，形成了一种由潜在到现实的必然进程。这意味着，生命物的活动总趋向某个目的。目的的最终呈现状况就是该生命物的本性/自然的完整内容，就是它必定要实现出来的存在状态："只要一种运动具有明显的终极目的，任何东西就不应成为障碍，我们总说，一种目的是为了另一种目的；而从这里，我们明显可以看出，一定存在着这样的东西，它对应着我们所说的本性/自然。"①

作为生命物的一员，人的活动同样具有趋向目的的性质，同样需被纳入目的论框架来理解。② 但与其他生命物不同，（1）人的活动不是随便以什么东西为目的，而是以善为目的。（2）人不是盲目地趋向任何善，而是会在活动之前对所欲实现的善进行认知、比较和评价。（3）通过认知，人会发现有的善只是为了实现或获得其他事物而被当作目的，有的善则是因其自身而被当作目的，它们之间构成一定的层级结构。（4）通过比较和评价，人会发现在这个层级结构中，"那些因自身而值得欲求的东西比那些因他物而值得欲求的东西更完善；那些从不因他物而值得欲求的东西比那些既因自身又因他物而值得欲求的东西更完善"，以此类推，"我们把那些始终因其自身而从不因他物而值得欲求的东西称为最完善的"，即"最高善"。亚里士多德承认，"如果只有一个最终目的，它就是我们所寻求的东西，而如果有几个最终目的，最完善的那个就是我们所寻求的东西"。③ 人不会停留于低级别的善，而必定逐级上升，直至那个"最高善"——这不是由伦理、习俗等人为因素决定的，而是由人的本性/自然决定的。所以，如果"幸福"就是我们永远只会因其自身而选择的"最高善"，那么，"实现最高善（幸福）"就首先不是一个规范性意义的道德哲学问题，而是一个必然性意义的自然哲学问题。"最高善"当然意味最高的规范性；而

---

① Aristotle, *Parts of Animals*, in Jonathan Barnes ed., *The Complete Works of Aristotle*, Vol. 1 (Princeton, NJ: Princeton University Press, 1991), p. 7.

② Aristotle, *Nichomachean Ethics*, p. 974.

③ Aristotle, *Nichomachean Ethics*, p. 941.

它所蕴含的激发性,则因为基于人类的生存结构而难以置疑。①

"实现最高善(幸福)"兼具规范性与激发性,除了是因为它位列目的结构的最终环节,还因为"幸福"意味着行为者的繁荣。亚里士多德说"幸福是灵魂合乎完满美德的实现活动",所以,为了论证"实现最高善(幸福)"是充分的,他必须引导人们"对灵魂的若干事实有所了解"。②

在亚里士多德这里,"灵魂"是指生命物的形式(form)或本质(essence)。③ 凡有生命者皆有灵魂。植物的灵魂,作为它的形式或本质,支配着植物的生命活动,即,营养(nutrition)、生长(growth)及繁殖(reproduction)等生理功能。④ 而动物的灵魂,作为它的形式或本质,支配着动物的生命活动,即,除了与植物类似的营养、生长和繁殖之外,还有运动(movement)、感觉(feeling)、欲望(desire)等生理和心理功能(当然,少数植物在特定意义上也部分具备这些功能)。⑤ 与动植物相比,人的灵魂更复杂。除了(1)支配营养、生长和繁殖的植物性部分以及(2)支配运动、感觉和欲望的动物性部分之外,人的灵魂还有一个(3)具有逻各斯的部分,它支配着人的认知、判断、推理等更加高级的心理功能及其活动。亚里士多德认为,人类灵魂的植物性部分与逻各斯无关;而人类灵魂的动物性部分虽不具有逻各斯,但在能够"听从逻各斯的意义上分有逻各斯",因此更多属于"有逻各斯"而不是"无逻各斯"。⑥

从广义上讲,人的灵魂可被分为如上三个部分,但从狭义上讲,人的灵魂更多的在于它有别于其他生命的那些部分,即,"具有逻各斯的理性部分"和"分有逻各斯的动物性部分"。⑦ 其中,具有逻各斯的理性部分更关键。特伦斯·埃尔文(T. H. Irwin)指出,动物灵魂与人类灵魂之间的

---

① T. H. Irwin, "The Metaphysical and Psychological Basis of Aristotle's Ethics", in Amelie Rorty ed., *Essays on Aristotle's Ethics*, p. 48.
② Aristotle, *Nichomachean Ethics*, p. 950.
③ Aristotle, *On the Soul*, in Jonathan Barnes ed., *The Complete Works of Aristotle*, Vol. 1, p. 22.
④ Aristotle, *On the Soul*, p. 23.
⑤ Aristotle, *On the Soul*, p. 23.
⑥ Aristotle, *On the Soul*, p. 49.
⑦ Aristotle, *Eudemian Ethics*, in Jonathan Barnes ed., *The Complete Works of Aristotle*, Vol. 2, p. 13.

基本差别就在于动物缺少逻各斯,其他所有的差别都是这项差别的特殊表现。虽然动物灵魂也规定和支配着它们的运动、感觉、欲望等功能,但动物"不能反思地运用概念","无法进行慎思和选择","不具备关于自身善的完整观念","不能对不同选项进行思考和评价并且判断何者更好",而"只能觉察到某些事物是愉快的并因它们使之快乐而欲求它们",因此,动物的感觉和欲望只是一些即时的、受制于苦乐感受的心理功能。①而人的灵魂之所以不同,不是因为人取消了用于支配感觉和欲望的动物性部分,而是因为人的灵魂中"具有逻各斯的理性部分"引导或主宰前者,使之发生了改变。所以,人的感觉和欲望不再是单纯的动物感觉和欲望,而是理性感觉和欲望;它依据逻各斯部分所持有的"善"观念而对感觉、欲望的对象及其行动方案进行反思和权衡。这意味着,不是别的而恰恰是作为人的形式的灵魂,规定了人必将"善"乃至"最高善"作为欲求目标。这种类型的欲求"属于人类本质和活动方式的一部分"。②

概言之,亚里士多德的本性/自然学说是基于目的论的存在结构来证明行为者追求最高善的必然性,而"逻各斯部分—动物性部分—植物性部分"的灵魂结构理论则是基于逻各斯的优先地位来论证行为者为什么会指向最高善。它们分别奠定了亚里士多德主义道德理由的存在论和心理学基础,共同确立了其理由的规范性与激发性。

四、儒家伦理的道德要求与道德理由

关于儒家伦理的讨论虽已汗牛充栋,但将其区分为(1)道德要求、(2)道德理由以及(3)道德理由之基础的做法尚不多见。这一方面是因为,作为中国传统思想范式,儒家伦理有着自成一体的表达方式;研究者更倾向于顺着它的内在逻辑来剖析。另一方面则是因为,儒家伦理的实践品格,使得它提出的道德要求比它给出的道德理由要丰富得多。也就是说,儒家思想花在道德要求层面的笔墨要远远多于它对道德理由的论证以

---

① T. H. Irwin, "The Metaphysical and Psychological Basis of Aristotle's Ethics", p. 44.
② T. H. Irwin, "The Metaphysical and Psychological Basis of Aristotle's Ethics", p. 48.

及关于道德理由之基础的证明。

毫无疑问,自孔子以来,儒家提供了一个规模庞大的伦理体系,数量众多的道德要求俯拾皆是。但这些要求并非同等并列,而是分有层级,其中最基础的当数"仁、义、礼、智、信、忠、恕、孝、悌"等。对它们的直接表述在儒家经典中随处可见。如:"入则孝,出则悌,谨而信,泛爱众,而亲仁。"(《论语·学而》)"为人君,止于仁;为人臣,止于敬;为人子,止于孝;为人父,止于慈;与国人交,止于信。"(《礼记·大学》)又如:"父子有亲,君臣有义,夫妇有别,长幼有序,朋友有信。"(《孟子·滕文公上》)。如果更精致地说,其中最基础的道德要求当然是"仁",而其他方面是该要求在各个具体领域的表现。

这些要求不但是对行为者应当如何实践的行动要求,更是对他们应当抱以何种态度、出于何种动机而实践的品质要求。也就是说,践行这些要求,不仅需要行为者在行动上合乎礼数,而且需要基于合适的心理动因。比如,当子游问"什么是孝"时,孔子告诫他,不能把"孝"简单地理解为"能养"。子女侍奉父母的行为若未伴随尊敬之心,那么即便"能养",也跟动物的行为没什么区别。(《论语·为政》)类似的,子夏问"孝"时,孔子也指出,一个人就算做到"有事弟子服其劳,有酒食先生馔",但若面带不悦之色,也不能算作"孝"。(《论语·为政》)因为,如朱熹所言,真正的孝子乃是内心"有深爱者",他们"必有和气;有和气者,必有愉色;有愉色者,必有婉容";缺乏这些品质作支撑,则"服劳奉养未足孝也"。[①] 至于仁、义、智、信、忠、恕等道德要求,更是强调甚至直指行为者的内在品质。即便是"礼",也不仅仅是要求行为者"在上位不陵下,在下位不援上,正己而不求于人"地遵循礼数,而是要求行为者"上不怨天,下不尤人",做到"无怨"。(《礼记·中庸》)何况,"人而不仁,如礼何?"(《论语·八佾》)内心如果缺乏"仁",就不可能认同"礼"。可见,作为道德要求的"礼",并不完全是要求人们建立制度、礼仪等社会机制,而且是要求人们建立对待这些制度、礼仪的理解与尊重的

---

① [宋]朱熹:《四书章句集注》,第56页。

态度。儒家当然希望制度层面能够恢复和建立某些政治秩序与规矩,但他们更希望人们是本着"恭敬辞逊"之心来践行这一点的。①

　　上述基础的道德要求,旨在让行为者培养优良的内在品质,锻造高尚的君子人格。用美德伦理学的话来说,其核心不在于如何做出一个正当的行为,而在于如何成为一个好人。用儒家自己的话来讲,就是"修身"。"仁、义、礼、智、信、忠、恕、孝、悌"等,皆是"修身"这一相对更抽象的道德要求的具体展开;与前者相比,"修身"属于更高阶的概念。为了"修身",或者说,为了能够具体做到"仁、义、礼、智、信、忠、恕、孝、悌",行为者必须"正心",即审察和调整内心的欲望及情绪,对"忿懥""恐惧""好乐""忧患"等心理加以控制,避免"欲动情胜"。它们虽是人人不可或缺的"心之用",但如果任其展开,则无法使人达到仁、义、礼、智等道德要求所指示的心理状态。② 进一步地,为了能"正心",让"心之用"得到合理控制,行为者必须知道心灵的正确的生发方向和诉求方向。儒家相信,如果人心能够实实在在、如其所是地生发,则不会"自欺",而是会明辨善恶,能够"如恶恶臭,如好好色"地远离恶而偏好善。③ 这就是所谓的"欲正其心者,先诚其意"(《礼记·大学》)。那么,行为者如何才能知道正确的生发与诉求方向而让心灵如其所是地发展呢?这便需要"格物"并"致知":"一旦豁然贯通焉,则众物之表里精粗无不到,而吾心之全体大用无不明矣。"④ 概言之,与"仁、义、礼、智、信、忠、恕、孝、悌"等具体要求相比,"格物、致知、诚意、正心、修身"同属于一个相对抽象的较高层面。就其内部关系而言,"格物、致知、诚意、正心"又是"修身"的方法和途径。在儒家看来,只有"修身"方能"齐家","齐家"方能"治国","治国"方能"平天下";后

---

　　① [宋]朱熹:《四书章句集注》,第105页。
　　② 《礼记·大学》曰:"所谓修身在正其心者,身有所忿懥,则不得其正,有所恐惧,则不得其正,有所好乐,则不得其正,有所忧患,则不得其正。"朱子注曰:"盖是四者,皆心之所用,而人所不能无者。然一有之而不能察,则欲动情胜,而其用之所行,或不能不失其正矣。"参见[宋]朱熹:《四书章句集注》,第8页。
　　③ [宋]朱熹:《四书章句集注》,第7页。
　　④ [宋]朱熹:《四书章句集注》,第7页。

三者不过是"修身"的推广和运用。① 所以,"修身"应被视作这一系列道德要求的枢纽:"自天子以至于庶人,一是皆以修身为本。"(《礼记·大学》)在这个意义上,儒家伦理确实体现出明显的美德论特征。

然而,上述要求仍不是最高层级的。因为唯有"欲明明德于天下者"才会追求格物、致知、诚意、正心,以至于修身、齐家、治国、平天下。所以,"格致诚正修齐治平"不是终点,它们指向的是"明明德、亲民、止于至善"这一级别更高但也愈加抽象的道德要求。(《礼记·大学》)也就是说,儒家对那些试图成为"大人"的行为者的最终要求是,"你应当做到明明德、亲民、止于至善"。因此,我们至少可从儒家经典中分析出一种关于道德要求的三阶结构,即,"仁/义/礼/智/信/忠/恕/孝/悌——格物/致知/诚意/正心/修身/齐家/治国/平天下——明明德/亲民/止于至善"。它们共同构成了儒家伦理规范的整体框架。

是否可以说,"明明德、亲民、止于至善"已不是指导实践的道德要求,而是用于解释和证明这些要求的道德理由呢?从它们与"格致诚正修齐治平"的关系来说,似乎如此。但是,从道德要求与道德理由的属性来说,它们仍属前者。因为道德要求是关于行为者在道德实践中应当如何的规范或指南,不管它们相对具体还是相对抽象,行为者都能按照它们所指示的内容而展开经验的实践活动;而道德理由则是对道德要求的哲学论证,是关于这些实践规范或指南的先验规定或经验依据,其本身不能直接被当作实践方案用来指导行为者的思虑或言行。对儒家伦理来说,支撑上述道德要求的根本的道德理由其实在于"道"。任何具体或抽象的道德要求,任何关于怎么做、怎么说、怎么想的伦理命题之所以成立,都是因为它们承载或体现了"道",都是因为它们的宗旨是弘扬和实现"道"。正因为"明明德、亲民、止于至善"不是道,而是为了道,所以才说,"大学之道,在明明德,在亲民,在止于至善"。随后的文本之所以需要立即澄清"格致诚正修齐治平"的序列关系,也是因为"物有本末,事有终始。

---

① 朱子注曰:"正心以上,皆所以修身也。齐家以下,则举此而措之耳。"参见[宋]朱熹:《四书章句集注》,第4页。

知所先后,则近道矣"(《礼记·大学》)。相应的,"仁、义、礼、智、信、忠、恕、孝、悌"等具体的道德要求,同样不是道,而是为了道。一方面,正是因为它们直接或间接地与"道"发生关联,所以才会有"忠恕违道不远"(《礼记·中庸》),"君子有大道,必忠信以得之,骄泰以失之"(《礼记·大学》)这样的说法;另一方面,正是因为对它们的违背不仅是对具体准则的违背,而且是对"道"的违背,以至于可以上升到一个无法弘扬和实现"道"的程度,孔子才会发出"道不行,乘桴浮于海"(《论语·公冶长》)的感慨。所以,根本意义上,儒家伦理的道德理由在于"弘扬或实现道"。如果要与前述亚里士多德主义在形式上保持对应的话,那么,这种道德理由可被写作:"你应当采取行动A,因为行动A有助于你弘扬或实现道。"

五、儒家伦理的道德理由的基础

如同亚里士多德主义要把"实现最高善"列为道德理由,就必须告诉人们追求最高善相对于人而言的恰当性与必然性,亦即,必须回答"人为何能够追求最高善"以及"人为何愿意追求最高善"一样,儒家伦理若要将"弘扬或实现道"接纳为有效的道德理由,也必须首先回答"人为何能够弘道"以及"人为何愿意弘道"等问题。它们分别指示着道德理由的存在论基础和心理学基础。

人们常常以为,儒家之"道"主要是"人事之道"(人道),而不是"天地之道"(天道),更不是"鬼神之道"(神道)。特别在孔子那里,一方面,他拒绝谈论"怪力乱神"(《论语·述而》),认为务民之义在"敬鬼神而远之"(《论语·雍也》),另一方面,他对"道"的正面表述也基本是跟个体言行或社会风气有关,因此,他所说的"道",更多意味着某种虽然抽象但仍处于为人处世层面,从而依然具有浓厚人文性与经验性色彩的规范或原则。① 更何况,他的学生子贡还明确说过,"夫子之言性与天

---

① 如:"富与贵,是人之所欲也;不以其道得之,不处也。贫与贱,是人之所恶也;不以其道得之,不去也。"(《论语·里仁》)"有君子之道四焉:其行己也恭,其事上也敬,其养民也惠,其使民也义。"(《论语·公冶长》)。

道，不可得而闻"。(《论语·公冶长》)

然而，事情似乎没这么简单。因为，就春秋时期的一般思想状况而言，"天""道""命"等概念及其相关信念、制度、礼仪已经构成当时知识精英和政治精英的共同知识背景。相对成熟稳定的"天命观"，使得"道"的概念已经能够在"天道"的意义上获得一种超验的而非经验的、整体的而非局部的、存在论的而非道德论的理解与阐发。① 况且，就孔子本人而言，他也不是没有谈论"天"与"命"。比如，在匡地身陷囹圄之时，他就通过诉诸"天意"来鼓舞人心："天之将丧斯文也，后死者不得与于斯文也；天之未丧斯文也，匡人其如予何？"(《论语·子罕》) 当他生病了，子路打算让门人给他做家臣以供使用时，孔子因其不合礼数而呵斥子路说："吾谁欺，欺天乎！"(《论语·子罕》) 甚至对"道"本身能否运行，他也会归因为"命"而非"人"。② 从这个意义上讲，整部《论语》以"不知命，无以为君子也"(《论语·尧曰》) 的感叹作结，或许并非孔门弟子偶然为之的结果。③ 至于子贡的说法，朱熹已经做出较好的解释，即，问题不在孔子，而在子贡本人："如子贡者，夫子尝告以一以贯之矣，又告以天何言哉矣，又告之以知我其天矣，则固不可谓未尝以告之。"所以说，不是圣人不言性命，而是因为"其旨渊奥，学者非自得之则虽闻而不喻也"。④

就整体来讲，孔子对"道"或"天道"的具体内涵的直接讨论确实不多。我们只能从诸如"天何言哉？四时行焉，百物生焉。"(《论语·阳货》) 以及"子在川上曰：'逝者如斯夫，不舍昼夜！'"(《论语·子罕》) 等有限语句中窥探孔子的想法。真正对世界的存在状态及其根据予以充分描述和证明的哲学任务，是由思孟学派承担起来的。

在《中庸》开篇，子思就对"天""命""性""道"等概念的内在关

---

① 葛兆光：《中国思想史》(上)，复旦大学出版社1997年版，第74—78页。
② "道之将行也与？命也。道之将废也与？命也。"(《论语·宪问》)
③ [宋] 朱熹：《四书章句集注》，第195页。
④ [宋] 朱熹：《四书或问》，见《儒藏（精华编）》第110册，北京大学出版社2008年版，第722页。

系提供了一种融贯的论断。所谓"天命之谓性,率性之谓道"(《礼记·中庸》),说的就是一切事物的本性源于"天"的规定或指令。无论"天"可以被理解为人格化的超验的神灵,还是非人格化的经验的自然,抑或仅仅某种最根本最完整的先验的存在,"性"都是它所派生或表现出来的某种规定性。然而,这种规定性不可能是静止的,"天"所降之"命"不仅是要让事物各具本性地存在,而且要让它们不断持续地存在(生生不息)。而"道"正是这种规定性依其规定本身而运行、生长和发展的存在状态;假如没有干扰的话,它将充分地表现为事物的如其所是的存在过程(尽其性)。所以,如果说"性"是在静态的意义上对于"天"或"天命"的承接和映射,那么,"道"就是在动态的意义上对于"天"或"天命"的展开和流行。两者其实一体两面,都是"天"或"天命"在存在者这里的具体表现。虽然我们可以在概念上优先定义"性",但是,在实际存在过程中,首先呈现的却是万事万物之"性"不断展开和运行的"道"。甚至可以说,我们是从对"道"的观察和体悟中分析得到"性"的。概言之,"道"就是"性"乃至"天"或"天命"的一种表现形式。

于是,人要"弘扬或实现道",便有了存在论的基础。因为,作为具体的存在者,人同样承受"天命"而有人之"性",它是"天之所与我者"(《孟子·告子上》)。"性"的自我展开的内在诉求使人有人之"道"。因此,"道"对于人来说并非外在规矩或要求,它本身就蕴含在人之为人的那种规定性里。所以,在存在论意义上,首要的问题不是人"不应当"远离道,而是人"不可能"远离道,如同子思反复强调的那样,"道不远人,人之为道而远人,不可以为道","道也者,不可须臾离也,可离非道也"。(《礼记·中庸》)既然人之"道"就在于人之"性",那么,要想弘扬或实现这种"道",最根本的办法当然就是充分理解人之"性",从而充分理解"天"或"天命",亦即,"尽其心者,知其性也。知其性,则知天矣"(《孟子·尽心上》)。显然,在这样的结构中,人之"道"与天之"道"是相通的;弘扬或实现"道",既是弘扬人之"道",也是弘扬天之"道"。只要人"反身而诚","尽心知性",便有能力通过理解自身而理解世界。

那么，为什么洞察了天之"道"，就能够遵循道德要求，从而按照道德的方式（扬善避恶）而不是反道德的方式（扬恶避善）来行动呢？这是因为儒家相信，天之"道"有一个根本特征——"诚"，即，不仅成就自身，而且成就万物，使所有存在者如其所是地成长，以至于成其所是。作为最高的存在依据，"天"只能自我成就而不可能再被他物成就，天之"道"只能自我运行而不可能再因他者运行。所以子思说："诚者自成也，而道自道也。诚者物之终始，不诚无物。……诚者非自成己而已也，所以成物也。"（《礼记·中庸》）进一步的，同样由于"天"是最高的存在依据，因此，无论在范围还是在程度上，天之"诚"都不可能在某个局部或阶段停留下来，而是大化流行，生生不息，直至"至诚"境界。所谓"至诚无息。不息则久，久则征；征则悠远，悠远则博厚，博厚则高明。博厚，所以载物也；高明，所以覆物也；悠久，所以成物也。博厚配地，高明配天，悠久无疆。如此者，不见而章，不动而变，无为而成。天地之道，可一言而尽也。其为物不贰，则其生物不测。天地之道：博也，厚也，高也，明也，悠也，久也"。唯有"天下至诚"，万物方能尽其性，既尽人之性，也尽物之性，从而"赞天地之化育"而"与天地参"。（《礼记·中庸》）所以，正如冯友兰先生指出的，儒家（思孟学派）的"宇宙在实质上是道德的宇宙"[①]，其世界观本就具备成就他者（"成物，知也"）和成就自我（"成己，仁也"）的道德内涵，能够为人之所以遵循道德要求从存在论的角度提供证明。

人之"性"由于秉承天之"道"，因而具备向善的能力或可能；它们具体地表现为人的特定心灵结构，即，孟子所说的"四心"。恻隐之心、羞恶之心、辞让之心和是非之心，共同构成了人遵循道德要求的心理基础。从它们出发，人发展培育出"仁、义、礼、智"等最基本美德。然而，关键的问题在于，人的心灵结构虽包含"四心"，但并不仅仅包含"四心"。"四心"足以使人区别于禽兽，但孟子自己很清楚，除了这些方面，"人之所以异于禽兽者几希"（《孟子·离娄下》）。这说

[①] 冯友兰：《中国哲学简史》，第67页。

明，人性中的情、欲成分依然占据大部分地盘。何况，"四心"也不是指"人有四种心"，而是指"心可以有四种基本的道德表现或运用"。因此，"四心"在本质上属于"心之用"范畴。朱熹在注解四书时明确指出，"心"是身之体，"情"乃心之用，"意"乃心之发。可见，恻隐、羞恶等道德的心灵反应，与情、欲等可能合乎道德也可能不合乎道德的心灵反应，在实质上是处于同一层面的。甚至可以说，前者是喜怒哀乐等七情六欲"发而皆中节"的特殊形态。正是在这个意义上，儒家才会要求"正其心"，即，要使行为者对心灵的运用保持正确的中道原则，使爱怜、宽厚、喜悦、愤怒、羞耻的情感欲求的表现合乎"道"。

要想成就这一点并不容易。因为人之"道"虽然秉承天之"道"，但仍然存在着一个微妙却深刻的差别，那就是："诚者，天之道也；诚之者，人之道也"。前者可以"不勉而中，不思而得，从容中道"，而后者则必须"择善而固执之"。（《礼记·中庸》）因为"天"本身就是"道"，所以"天"可以自然而然地合乎"道"，但是人却必须通过努力和抉择才能获得"道"，通过坚持与勤勉才能保有"道"。所以即便人有"四心"作为善端，也不得不"博学之，审问之，慎思之，明辨之，笃行之"。概言之，尽管儒家伦理为行为者提供的道德理由设定了较为充分和踏实的存在论基础与心理学基础，但基础毕竟只是基础。要想成就他人和自我，行为者必须以这些基础为起点，犹如"行远必自迩"，"登高必自卑"（《礼记·中庸》），修道受教，勉力而行。

六、简短的结论

即便在美德伦理学的视野中，对亚里士多德主义和儒家伦理进行比较也是一项庞大工程。我们这里仅就两者最根本的道德理由及其存在论和心理学基础展开讨论，而没有涉及它们丰富的道德要求。这是因为，提出怎样的道德要求，在本质上是由伦理生活而不是由伦理学决定的。如果双方的伦理生活，就像纳斯鲍姆说的那样，在某些基础经验（grounding experiences）上必定具有共性，那么两者的道德要求清单就必定会有诸多一致①；而如果双方赖以生长的文化土壤和生活经验存在较大差异，那么，两者提出的道德要求彼此不同，便也没什么奇怪的可言。在这个意义上，不是说我们没有必要去对比两者提出的道德要求，而是说，无论这种对比最终得出怎样的结论（更相同抑或更不同），它们都不成其为一个深刻的问题。从伦理学的知识建构来讲，提供并论证道德要求背后的道德理由，而不是简单地比较具体道德要求的内涵，可能更重要。

就道德理由而言，亚里士多德主义和儒家伦理，作为古代伦理学的两种典型范式，均明显地表现出目的论特征。无论是追求"最高善"还是实现与弘扬"道"，它们都是行为者的道德思维和道德行动所指向的最终目标和最高宗旨。两者皆相信，人的存在和成长不是随意的，而是有一种必然性与规范性相统一的本质之物蕴含其中。它既是一种"规定"，也是一种"使命"，是一个人既应该去实现也必然要完成的生存状态。而为了证明这一点，双方都提供了各自的存在论基础与心理学基础。在一定程度上，它们分别对应着双方的自然哲学（乃至形而上学）和心灵哲学，反映出二者的世界观念和自我观念。

尽管理论的结构层次大致相同，但双方的内涵特征仍有差异。一方面，在存在论基础的维度上，儒家伦理更加强调人与自然的完整的连续性。也就是说，天之道与人之道在内容和性质上是一致的，它们蕴含着同一种必然性和规范性，人之道是天之道一以贯之的结果。因此，人伦现象是自然现象的某种映射，关于人伦的知识可以在关于自然的知识中找到依据。但在这点上，亚里士多德主义并不彻底。虽然亚里士多德的本性/自然学说能够证明自然物的本性与人的本性在性质上是一致的，但没有承诺它们在内容上也是一致的。亚里士多德明确指出，自然现象是某种普遍不变的东西，而人伦现象则是某种具体可变的东西。因此，即便说人因为具有本性/自然而具有普遍性和必然性，这种普遍性和必然性也是通过一种普遍而必然的可变性和多样性表现出来的。在此意义上，人与自然仅仅具

---

① Martha C. Nussbaum, "Non-Relative Virtues: An Aristotelian Approach", in Peter A. French, Theodore E. Uehling, Jr. and Howard K. Wettstein eds., *Ethical Theory: Character and Virtue* (Notre Dame, IN: University of Notre Dame Press, 1988).

备部分的连续性。另一方面，在心理学基础的维度上，亚里士多德主义把灵魂分为三个最基本的部分或层次，彼此之间虽能相互影响，但不可相互还原；并且，它最终落脚于其中的理性部分，从而明确地形成了一个以此为尊的理性主义的心灵结构。而对于儒家伦理来说，人之心虽然也有"理"，但它和"意""志""情""欲"一样，都是"心之体"的生发、表现和运用。"心"本身就是一个不可还原的整体，它不能再被拆解为若干部分。儒家相信，如果能够充分地理解世界，洞察天道，那么，人之"心"便会连同它的各种运用和表现一起趋向至善。就此而言，避免将儒家伦理的心灵结构简单地贴上"理性主义"或"情感主义"的标签，可能是更加明智的选择。

附录Ⅲ

对当代德性伦理学的精到阐释与些许移情
——读李义天博士的《美德伦理学与道德多样性》*

江 畅**

一

自 20 世纪 80 年代开始在西方发生的德性伦理学复兴,不仅是人类思想史上一大引人注目的现象,也是当代人类社会生活发生的一个重大事件。第二次世界大战后,现代文明在达到其巅峰的同时,由它的诸多重大缺陷所导致的严重社会后果也引起了思想家们的密切关注。在自 19 世纪开始出现的对现代文明进行反思和批判的许多学派和思想家中,德性(美德)伦理学学派或学者群从伦理学的视角对现代文明问题的诊断和所形成的治疗方案,异军突起,将对现代文明问题观察的视点置于作为

---

* 本文首次发表于徐长福主编:《实践哲学评论》(第 1 辑),中山大学出版社 2004 年版,第 250—255 页。

** 江畅,湖北大学高等人文研究院院长、教授、博士生导师,教育部长江学者,中国伦理学会副会长。

现代文明伦理基础的道德观念和价值取向的深层领域，重新关注近代以来被边缘化的"我们应该成为什么样的人"这一人之为人的根本性问题，以求破解困扰现代人类的种种谜团。德性伦理学的复兴不仅在西方，而且在全世界引起了强烈反响和广泛关注，其意义在今天也许尚不能做出精确的估量。

德性伦理学开始复兴的时期，正值中国实行改革开放之时。开放的中国以及当代发达的国际学术交流，为中国学者了解西方学界出现的这一动向提供了便利，至少自20世纪90年代开始就有中国学者翻译西方德性伦理学的著作，介绍和评价当代西方德性伦理学家的观点。但是，德性伦理学的复兴具有爆发性，在短短的一二十年间，西方有关的著述铺天盖地而来，而且至今仍然波涛汹涌，令人目不暇接。正因如此，不只是在中国，即便是在西方，虽然有不少文章对当代德性伦理学做评介，但几乎没有对它做全面系统深入研究的专著，学者们似乎缺乏足够的勇气从总体上把握这一急剧变化的复杂学术事态。青年学者李义天以"初生牛犊不怕虎"的气概，将这一复杂学术事态作为自己博士论文的选题，对它做全面系统的研究，并在博士论文的基础上最终完成了《美德伦理学与道德多样性》（中央编译出版社2012年版）的专著，从而填补了国内这方面研究的空白，将我国对德性伦理学的研究推向了一个新的阶段。

二

李义天博士这部著作的意义也许主要还不在于其具有学术的开拓性，而在于对西方德性伦理学复兴这一重大历史事件以及当代西方德性伦理学理论的准确把握和精到阐释方面。

当代西方伦理学是在十分复杂的背景和条件下兴盛的。它涉及与规则伦理学的关系、与古典德性伦理学的关系；它涉及理论学术上的学理问题，也涉及社会文明的现实问题。要准确把握当代德性伦理学，不仅要弄清其理论观点本身，而且必须考虑所有这些因素，甚至理论观点本身也要放在这些复杂的背景条件中加以考虑才能理解。因此，明确研究当代西方伦理学的思路和方法是研究者不能回避的首要问题。该书在总结借鉴国内近年来当代西方德性伦理学研究经验的基础上,提出要按照"三种维度、两个部分与一条线索"的研究思路展开研究。(第43页)这一思路是具有创新性的,就笔者所了解的情况看,目前国内外尚未有学者做过这种尝试。事实证明,该书按照这种思路展开确实有助于对当代西方德性伦理学的总体把握。如果说该书总体上是成功的,其关键就是其作者找到了这一谋篇布局的创新思路。

在这一研究思路中,特别值得提出的是他后来将之概括为"一横(共同性的)一纵(历时性的)"的方法。这一方法也就是通过当代德性伦理学与现代规则伦理学之间的相互区别(横向)、通过当代德性伦理学与古代德性伦理学的相互映射(纵向)来"确认当代美德伦理学之所是",分辨其特征。当代德性伦理学是通过批评现代规则伦理学而兴起的,特别是较早的当代德性伦理学家无一不矛头直指规则伦理学。德性伦理学家的批评又引起了规则伦理学家的反批评。当代德性伦理学家的观点正是在这种批评与反批评的过程中逐渐明确和深化的。因此,研究当代德性伦理学,首先必须考察它与现代规则伦理学之间相互辩难。另一方面,当代德性伦理学家主要并不是直截了当地站出来批评现代规则伦理学,而是打着复兴古典德性伦理学的旗号并借助古典德性思想来进行批评的。他们的这种复兴又不是将古典德性思想直接搬出来,而是根据新的历史条件和自己的意图做了许多的改造。如此一来,他们的思想与古典思想之间就呈现出错综复杂的关系。因此,研究当代德性伦理学又不能不回溯古典德性思想,不能不对两者之间的异同进行辨析。否则,我们无法分清究竟哪些德性思想是当代思想家的,哪些是古典思想家的,当代思想家对古典思想做了哪些阐发、修正和创新。正是抓住了"一横一纵"这一关键进行阐述,该书展示了当代德性伦理学与现代规则伦理学的分歧之所在及其焦点,厘清了当代德性伦理学与古典德性伦理学的异同及其沿革,从而有助于读者对当代德性伦理学整体面貌和独特个性有一个完整的把握。"一横一纵"的宽阔视野凸显了当代西方德性伦理学的历史方位、独特价值和自身特点。

在德性伦理学复兴的早期,德性伦理学家主要以复兴古典德性伦理学为使命，特别是在亚里士多德伦理学中寻找思想资源，但后来的德性伦理学家并非都是如此。许多学者还在亚里士多德之外的古典德性伦理学家、甚至在近代思想家（如休谟、尼采）那里吸取思想灵感。面对这种复杂的情形，如何把握当代西方德性伦理学的基本范畴或核心概念，是研究者面临的一个头疼的问题。对于这一难题，该书的作者紧紧抓住亚里士多德伦理学的基本范畴来揭示德性伦理学的共同学术范式。其理由是：（1）亚里士多德伦理学是思想史上系统阐述德性伦理学的典范；（2）当代德性伦理学首先并主要是从亚里士多德那里汲取养料；（3）在当代德性伦理学的取径中，亚里士多德（主义）的立场仍然最能体现德性概念的深层含义，最能抓住规则伦理学的缺陷要害，也最有利于回避这类错误的思想方案。（第110页）笔者认为，这些理由是充分的。虽然不少当代德性伦理学家偏离了亚里士多德和西方古典德性伦理学的观点，但也需要参照这些共同范式来加以考察和评价。可以说，抓住了亚里士多德与当代德性伦理学共同的范式，才能真正把握住德性伦理学这一学派的主旨和根本特征，有助于对当代德性伦理学精神实质的正确理解。

学界通常认为亚里士多德德性伦理学的基本范畴是德性、幸福和实践智慧。该书作者认同这一观点，但在这三个范畴之外加上了长期被学者们忽视的"共同体"这一重要范畴。在亚里士多德伦理学中的确没有使用"共同体"的概念，但他大量地使用了"城邦"的概念。对于他和他那个时代的人来说，城邦就是人们生活的共同体。亚里士多德有"人天生就是一种政治动物"的名言，认为人生来就离不开共同生活，即使不需要其他人的帮助，人照样要追求共同的生活。在亚里士多德看来，共同生活就是政治生活，而政治生活的目的就是德性，幸福则是通过政治的方式实现的。正如该书作者所指出的，亚里士多德是在政治学的意义上讨论德性及其相关伦理问题的，政治活动被认为是一个有德性的人成就自身的必要背景和条件。（第171页）亚里士多德的这一重要思想为一些当代德性伦理学家注意到，特别是为麦金太尔所弘扬。他特别强调，对任何德性的理解都必须将其置于这种德性所产生的特定社会（共同体）考察，正是这种倾向使麦金太尔常常被看作是共同体（社群）主义者。只有将"共同体"作为德性伦理学的基本范畴,才能真正理解为什么德性伦理学会将"我们应该成为什么样的人"的问题与"什么样的社会才是真正好的社会"的问题紧密地联系在一起。

　　如果说对古典德性伦理学的坚守和弘扬还不能充分体现当代德性伦理学的显著特点或个性特征的话,那么,当代德性伦理学与现代规则伦理学之间的相互辩驳则不仅能充分展示两者之间大相径庭的理论旨趣和价值取向,而且也能更清晰地凸显当代德性伦理学区别于古典德性伦理学的时代特色。该书作者对此有清醒的意识并在这方面做出了艰苦的努力。在全书的六章中,作者用了两章的篇幅专门讨论规则伦理学者对德性伦理学的质疑,以及德性伦理学者为自己所做的辩护。作者从争论双方浩如烟海的学术成果和多种多样的观点分歧中,找到了并且紧紧抓住"一"(道德的普遍性)与"多"(道德的多样性)这一双方争执的焦点。德性伦理学家指责规则伦理学强调行为,忽视品质;所提出的一般行为原则不能解决具体情境中的问题,等等,其要害在于批评规则伦理学只注重道德的普遍性,而忽视道德的特殊性。德性伦理学家对多样性和"地方性"的强调又引起了规则伦理学对相对主义、主观主义的责难。作者紧紧围绕双方争论的这一焦点,一方面根据德性伦理学批评者的看法,以相对主义和主观主义的指责为线索,陈述了他们对德性伦理学观点的质疑和挑战;另一方面又根据德性伦理学家的论述对上述指责做了辩护,指出尽管德性伦理学强调道德的具体性、独特性和多样性,但它仍然谋求道德话语的确定性,并且不认为道德话语都同样的好。找准双方争论的焦点,并围绕这一焦点显现和展开双方的分歧,不仅十分有助于读者准确把握他们之间争论的要害和实质,也有助于读者了解双方争论的概貌。

三

　　中国学者研究历史上思想家的思想,常常会发生由对对象的研究,转向对对象的同情、欣赏、认同,甚至进而走向为其辩护和圆通。于是,研究者就由对对象的客观中立的研究者走入到对象的阵营。笔者感到在该书作者身上似乎也发生了这种学术研究的"移情"现象。刚刚接触该书的时候,感觉它是一部研究当代西方德性伦理学的述评性著作,但读到最后越来越感觉到它就是一部德性伦理学的著作,或者更准确地说是一部阐述德性伦理学的著作。具体体现在三个方面:第一,作者完全接受了当代德性伦理学对现代规则伦理学的批评。这种批评应该说是切中要害的,但问题在于:我们是不是要完全否定规则伦理学,用德性伦理学取而代之呢?在笔者看来,作为一位中立的研究者,应该能看到,它们之间不应是替代的关系,而应是互补的关系。就是说,近代以来的规则伦理学忽视了人的品质方面,现在要将这一缺陷填补起来,而不是从此不要道德规则及其研究了。德性伦理学家由于多种原因有这种"取代"的倾向是可以理解的,但研究者似乎应对这种倾向保持批评的态度。第二,该书的"来自美德伦理学的辩护与启示"部分中,不少的辩护是作者自己的辩护,而非德性伦理学家们的辩护,特别是其中的第三节更是如此。尽管这部分是全书最难写的并且是最有创意的部分,但笔者似未见有西方德性伦理学家做过如此的辩护。第三,全书有规则伦理学对德性伦理学的批评和质疑,但无作者自己的批评和质疑,而且如前所述,作者似乎不认同这些质疑,相反针对这些质疑为德性伦理学做起辩护来。实际上,在笔者看来,德性伦理学确实是有偏颇的,至少,它简单地否定行为道德规则的必要性无论在理论上还是在实践上都是行不通的。我们需要注重德性品质,但也不能忽视对行为进行必要的统一规范。否则,人类社会普遍存在的法律就没有了道德的基础。当然,如果作者的本意确实是要写一部站在德性伦理学立场上为其做阐述和辩护的著作,上述三个方面就都不是问题了。

前面说过,当代西方德性伦理学是迅速走向兴盛的,短短二三十年出版的相关著作多达数百部,发表的相关论文不计其数,而且还涉及对西方古典德性伦理学的复兴,涉及对规则伦理学的批评以及引起的论战。李义天博士近十年来悉心研读西方德性伦理学家的主要原著,深入领会其主旨和精要,并将其置于当代西方广阔的社会背景和学术背景,以及思想的历史沿革中进行审视,勾画了一个当代西方德性伦理学的鲜活形象,揭示了隐藏在这一形象深处的内在灵魂和精髓。这一方面表明李义天博士有深厚的专业基础和扎实的学术功力,同时也表明他具有开阔的视野和深邃的洞察力，特别是具有驾驭重大学术事件和清理庞杂学术思想的卓越研究能力。这部著作的开拓性和精准性使它成为了解和研究德性伦理学的读者和研究者不可不认真阅读的著作。

参考文献

一、英文文献

Amelie Oksenberg Rorty ed., *Essays on Aristotle's Ethics* (London: University of California Press, 1980).

Andrew Latus, "Moral Luck", *Internet Encyclopedia of Philosophy*, http://www.iep.utm.edu/moralluc/.

Anthony Kenny, *Aristotle on the Perfect Life* (Oxford: Clarendon Press, 1993).

Aristotle, *Nicomachean Ethics*, in Richard McKeon ed., *The Basic Works of Aristotle* (New York: Random House Inc., 2001).

Bernard Williams, *Ethics and the Limits of Philosophy* (London: Fontana Press, 1985).

Bernard Williams, *Moral Luck* (Cambridge: Cambridge University Press, 1981), p. 101.

C. Daniel Batson, *The Altruism Question: Toward a Social-Psychological Answer* (Hillsdale: Lawrence Erlbaum Associates Inc., 1991).

Derk Pereboom, *Living Without Free Will* (New York: Cambridge University Press, 2001).

Dana K. Nelkin, "Moral Luck", *Stanford Encyclopedia of Philosophy*, http: //plato. stanford. edu/entries/moral-luck/.

Daniel C. Russell, *Practical Intelligence and the Virtues* (Oxford: Clarendon Press, 2009).

Daniel Statman ed., *Virtue Ethics* (Washington D. C.: Georgetown University Press, 1997).

Daniel Statman, *Moral Luck* (New York: State University of New York Press, 1993).

David Copp and David Sobel, "Morality and Virtue: An Assessment of Some Recent Work in Virtue Ethics", *Ethics*, Vol. 114, April 2004.

David Copp ed., *The Oxford Handbook of Ethical Theory* (New York: Oxford University Press, 2006).

Donald Davidson, *Essays on Action, Reason and Cause* (Oxford: Clarendon Press, 2001).

Ellen Frankel Paul etc. eds., *Virtue and Vice* (New York: Cambridge University Press, 1998).

F. F. Centore, "Review of On Virtue Ethics", *The Review of Metaphysics*, vol. 56, No. 1, September 2002.

Franz Brentano, *The Origin of Our Knowledge of Right and Wrong* (New York: Humanities Press, 1969).

G. E. M. Anscombe, *Intention* (Cambridge: Harvard University Press, 1957).

G. E. M. Anscombe, "Modern Moral Philosophy", *Philosophy*, Vol. 33, 1958.

G. Watson, *Free Will* (Oxford University Press, 1982).

Henning Jensen, "Morality and Luck", *Philosophy*, Vol. 59, No. 229, 1984.

James D. Wallace, *Virtues and Vices* (Ithaca: Cornell University Press, 1978).

Joel Feinberg, "Problematic Responsibility in Law and Morals", *The Philosophical Review*, Vol. 71, No. 3, 1962.

Judith Andre, "Nagel, Williams, and Moral Luck", *Analysis*, Vol. 43,

No. 4, 1983.

Julia Annas, "Ancient Ethics and Modern Morality", *Philosophical Perspectives*, Vol. 6, 1992.

Julia Driver, "Review of On Virtue Ethics", *The Philosophical Review*, Vol. 111, No. 1, January 2002.

Linda T. Zagzebski, *Virtues of the Mind: An Inquiry into the Nature of Virtue and the Ethical Foundations of Knowledge* (New York: Cambridge University Press, 1996).

Martha C. Nussbaum and Amartya Sen eds., *The Quality of Life* (New York: Oxford Clarendon Press, 1993).

Michael Slote, "Moral Sentimentalism", *Ethical Theory and Moral Practice*, No. 1, 2004.

Michael Slote, "Reply to Commentators", *Philosophy and Phenomenological Research*, Vol. 54, 1994.

Michael Slote, *From Morality to Virtue* (New York: Oxford University Press, 1992).

Michael Slote, Marcia Baron, Philip Pettit, *Three Methods of Ethics: A Debate* (Malden: Blackwell, 1997).

Michael Slote, *Morals From Motives* (New York: Oxford University Press, 2001).

Michael Stocker, "Self-Other Asymmetries and Virtue Theory", *Philosophy and Phenomenological Research*, No. 3, 1994.

Michael Stocker, "The Schizophrenia of Modern Ethical Theories", *The Journal of Philosophy*, Vol. 73, 1976.

N. Eisenberg and P. A. Miller, "The Relation of Empathy to Prosocial and Related Behaviors", *Psychological Bulletin*, No. 1, 1987.

Norvin Richards, "Luck and Desert", *Mind*, Vol. 65, No. 378, 1986.

Owen Flanagan and Amelie Rorty eds., *Identity, Character and Morality*, (Cambridge: MIT Press, 1990).

Paul Crittenden, "Review of On Virtue Ethics", *Australian Journal of Philosophy*, Vol. 80, No. 1, March 2002.

Peter A. French and Howard K. Wettstein eds., *Ethical Theory: Character and Virtue* (Notre Dame, IN: University of Notre Dame Press, 1988).

Peter Goldie ed., *The Oxford Handbook of Philosophy of Emotion* (Oxford: Oxford University Press, 2010).

Richard Taylor, *Ethics, Faith and Reason* (Englewood Cliffs: Prentice-Hall, 1985).

Robert Brandom, *Making It Explicit: Reasoning, Representing and Discursive Commitment* (Cambridge: Harvard University Press, 1994).

Robert Scott and Henry G. Liddell eds., *Greek-English Lexicon* (Clarendon Press, 1926).

Roger Crisp and Michael Slote eds., *Virtue Ethics* (New York: Oxford University Press, 1997).

Rosalind Hursthouse, *On Virtue Ethics* (New York: Oxford University Press, 1999).

Stephen Darwall ed., *Virtue Ethics* (Malden: Blackwell Publishing Company, 2003).

Terence Irwin, *Aristotle's First Principle* (New York: Oxford University Press, 1988).

Thomas Nagel, *Mortal Questions* (New York: Cambridge University Press, 1979).

William Rottschaefer, *The Biology and Psychology of Moral Agency* (Cambridge University Press, 2008).

二、中文文献

[德] 包尔生：《伦理学体系》，何怀宏、廖申白译，中国社会科学出版社，1988年。

[德] 黑格尔：《法哲学原理》，范扬、张企泰译，商务印书馆，

1961年。

［德］康德：《道德形而上学原理》，苗力田译，上海人民出版社，2002年。

［德］康德：《实践理性批判》，邓晓芒译，人民出版社，2003年。

［德］康德：《实践理性批判》，韩水法译，商务印书馆，1999年。

［法］柏格森：《时间与自由意志》，吴士栋译，商务印书馆，1989年。

［法］卢梭：《社会契约论》，何兆武译，商务印书馆，1980年。

［法］萨特：《存在与虚无》，陈宣良等译，三联书店，1997年。

［法］萨特：《存在主义是一种人道主义》，周煦良、汤永宽译，上海译文出版社，1988年。

［古罗马］奥古斯丁：《独语录》，成官泯译，上海社科院出版社，1997年。

［古希腊］色诺芬：《回忆苏格拉底》，吴永泉译，商务印书馆，1984年。

［古希腊］亚里士多德：《尼各马可伦理学》，廖申白译，商务印书馆，2003年。

［古希腊］亚里士多德：《修辞学》，罗念生译，北京三联书店，1991年。

［美］阿瑟·道布林：《培养孩子的道德观》，郭本禹、马晓东译，中国轻工业出版社，2003年。

［美］蒂洛：《哲学：理论与实践》，古平等译，中国人民大学出版社，1989年。

［美］玛莎·纳斯鲍姆：《善的脆弱性》，徐向东等译，译林出版社，2006年。

［美］阿拉斯戴尔·麦金太尔：《伦理学简史》，龚群译，商务印书馆，2003年。

［美］阿拉斯戴尔·麦金太尔：《谁之正义？何种合理性?》，万俊人等译，当代中国出版社，1996年。

［美］哈维·曼斯菲尔德：《男性气概》，刘玮译，译林出版社，2009年。

［美］尼古拉斯·布宁、［美］余纪元编：《西方哲学英汉对照辞典》，人民出版社，2001年。

［美］托马斯·内格尔：《人的问题》，万以译，上海译文出版社，2004年。

［美］亚当·斯密：《道德情操论》，蒋自强等译，商务印书馆，1997年。

［新西兰］拉蒙·达斯：《美德伦理学和正确的行动》，陈真译，《求是学刊》，2004年第2期。

［英］伯纳德·威廉姆斯：《道德运气》，徐向东译，上海译文出版社，2007年。

［英］亨利·阿利森：《康德的自由理论》，陈虎平译，辽宁教育出版社，2001年。

［英］罗素：《西方哲学史》（下），马元德译，商务印书馆，1986年。

［英］洛克：《政府论》（下），叶启芳等译，商务印书馆，1982年。

［英］密尔：《论自由》，程崇华译，商务印书馆，1982年。

［英］休谟：《道德原则研究》，商务印书馆，2001年。

费多益：《情绪的内在经验与情境重构术》，《哲学研究》，2013年第11期。

李义天：《麦金太尔何以断言启蒙筹划是失败的?》，《伦理学研究》，2007年第5期。

李义天：《规则伦理的宗教痕迹与美德伦理学》，《现代哲学》，2009年第2期。

李义天：《美德伦理学：核心概念与主要任务》，《唐都学刊》，2009年第1期。

李义天：《美德伦理学与道德多样性》，中央编译出版社，2012年。

梁漱溟：《梁漱溟全集》（第1卷），山东人民出版社，1991年。

刘宇：《当代西方"实践智慧"问题研究的四种进路》，《现代哲学》，

2010 年第 4 期。

卢华萍：《苏格拉底与亚里士多德论意志软弱》，见《外国哲学》第 17 辑，商务印书馆，2005 年。

苗力田编：《亚里士多德选集·伦理学卷》，中国人民大学出版社，1999 年。

聂敏理选译：《20 世纪亚里士多德研究文选》，华东师范大学出版社，2010 年。

亓学太：《行动的理由与道德的基础》，《学术月刊》，2010 年第 5 期。

唐文明：《论道德运气》，《北京大学学报》，2010 年第 3 期。

涂纪亮主编：《维特根斯坦全集》（第 12 卷），河北教育出版社，2003 年。

徐向东：《自由主义、社会契约与政治辩护》，北京大学出版社，2005 年。

徐向东：《道德哲学与实践理性》，商务印书馆，2006 年。

徐向东编：《自由意志与道德责任》，江苏人民出版社，2006 年。

徐向东编：《实践理性》，浙江大学出版社，2011 年。

徐向东：《道德知识与伦理客观性》，《云南大学学报》，2013 年第 1 期。

杨国荣：《理由、原因与行动》，《哲学研究》，2011 年第 9 期。

杨兆锭：《行动、意志与道德悖论——法国伦理学家扬克勒维奇伦理思想简释》，《世界哲学》，2012 年第 4 期。

余纪元：《亚里士多德伦理学》，中国人民大学出版社，2011 年。

张继选：《道德运气与道德责任问题》，《香港社会科学学报》，2001 年冬季（第 21 期）。

赵汀阳：《论可能生活》（修订版），中国人民大学出版社，2004 年。

赵永刚：《美德伦理学：作为一种道德类型的独立性》，湖南师范大学出版社，2011 年。

左稀：《同情的充要条件——纳斯鲍姆同情观研究》，《道德与文明》，2014 年第 2 期。

后　记

　　自 2011 年年底完成《美德伦理学与道德多样性》的书稿以来，我一直在思考应如何进一步深化和细化美德伦理学研究。毕竟，围绕"一"与"多"的线索来批评规则伦理学的局限，梳理美德伦理学的观点，揭示其中的道德多样性意义并给予辩护，仍是从宏观上为理解美德伦理学的基本特征提供了一个框架。虽然其中已经涉及一些具体问题，但由于该书的宗旨是证明美德伦理学的知识特征，而不是证明美德伦理学的知识命题，因此，这些问题并未展开。

　　一方面，与规则伦理学相比，美德伦理学更关注行为者的内在之物。无论它们是表现为优良品质，还是表现为实践智慧，都属于行为者"心灵"的一部分。因此，如果美德伦理学要证明自己不仅站得住脚，而且更具优势，就必须进一步建构自身的心理基础。尽管道德心理问题是所有的规范伦理理论都必须具备的环节，但相对其他立场而言，美德伦理学对于心理知识的依赖性无疑更加强烈和明显。另一方面，与规则伦理学一样，美德伦理学也需要回答"我该怎样行动"的道德困惑。"行动"不仅是规则伦理学亟待处理的问题，同样是美德伦理学亟待处理的问题。换言之，它是任何规范伦理理论为了建立理论体系、确立理论合法性而必须完成的任务。虽然美德伦理学对内在品质有所偏重，但这仅仅意味着它更多的是从心灵层面来考虑行动，而不意味着它就不考虑行动。因此，美德伦理学必须不可偏废地提出自己的心灵理论和行动理论。

　　本书辑录的文章就是自 2011 年以来，我围绕上述两个基本问题所进行的尝试。作为国家社科基金"当代美德伦理学及其心理基础研究"（课题编号：10CZX043）的阶段性成果，其中的部分内容曾发表于《哲学研究》《道德与文明》《伦理学研究》《学术月刊》《江苏社会科学》《吉首大学学报》等杂志上。在这些文章中，我通过选取几个代表性议题，试图揭示美德伦理学在心理问题与行动问题上的基本看法。与最初发表的版本相比，本书的表述有所调整、补充和完善。另外，在附录部分，我列出了两篇与儒学有关的文章。它们是我借助美德伦理学视角而对儒家伦理给予的理解分析。最后，我还附上江畅老师为我的上一部作品所惠赐的书评。对于他的教诲，还有一直以来给予的提携与帮助，我深深地表示感谢。当然，我也希望这部作品能继续得到前辈和同仁的指点和批评。

李义天
乙未冬，西安门外